Le T.A.T.
(Thematic Apperception Test)

Dans la même collection

D. ANZIEU, *le Groupe et l'inconscient. L'imaginaire groupal*

D. ANZIEU, *le Moi-peau*

A. BEAUCHESNE, *l'Epileptique*

J. BERGERET, *la Personnalité normale et pathologique*

J. BERGERET, *la Violence fondamentale. L'inépuisable Œdipe*

F. BRELET, *le T.A.T. Fantasme et situation projective*

Y. CASTELLAN, *la Famille. Du groupe à la cellule*

C. CHABERT, *le Rorschach en clinique adulte. Interprétation psychanalytique*

J. CORRAZE, *De l'hystérie aux pathomimies* (Épuisé)

R. DEBRAY, *l'Equilibre psychosomatique*

C. et P. GEISSMANN, *l'Enfant et sa psychose*

R. GORI, *le Corps et le signe dans l'acte de parole*

L. GRINBERG, D. SOR et E. TABAK de BIANCHEDI, *Introduction aux idées psychanalytiques de Bion* (Épuisé)

J. GUILLAUMIN, *la Dynamique de l'examen psychologique* (Épuisé)

M. IMBERTY, *Entendre la musique* (Épuisé)

M. IMBERTY, *les Ecritures du temps*

R. KAËS, *l'Appareil psychique groupal*

R. KAËS, *l'Idéologie. Etudes psychanalytiques*

J. LANG, *Introduction à la psychopathologie infantile*

T. NATHAN, *la Folie des autres. Traité d'ethnopsychiatrie clinique*

N. NICOLAÏDIS, *la Représentation. Essai psychanalytique. De l'objet référent à la représentation symbolique*

J.-M. PETOT, *Mélanie Klein. Premières découvertes et premier système, 1919-1932*

J.-M. PETOT, *Mélanie Klein. Le moi et le bon objet, 1932-1960*

N. RAUSCH de TRAUBENBERG et M.-F. BOIZOU, *le Rorschach en clinique infantile*

SAMI-ALI, *Corps réel, corps imaginaire*

SAMI-ALI, *le Visuel et le tactile. Essai sur la psychose et l'allergie*

SAMI-ALI, *De la projection. Une étude psychanalytique.*

psychismes

collection dirigée par Didier Anzieu

Françoise Brelet

Le T.A.T.
(Thematic Apperception Test)

Fantasme et situation projective

Narcissisme, fonctionnement limite, dépression

Dunod

En couverture :
Caspar David Friedrich : *Le voyageur au-dessus des nuages*
(vers 1818). Kunsthalle, Hambourg.
Ph. Ralph Kleinhempel. © Archives Photeb.

ISBN 2-04-016473-1
ISSN 0335-492-X

Table des matières

DEUXIÈME PARTIE : PROLONGEMENTS THÉORIQUES

Préliminaires à une compréhension du processus-T.A.T. comme mise à l'épreuve du penser-fantasmer

TROISIÈME PARTIE : CLINIQUE

Introduction

Depuis de longues années, dans la tradition française, l'interprétation du T.A.T. se situe au confluent de deux courants psychologiques, celui qui prend son origine dans la théorie psychanalytique et celui de la méthodologie projective.

Vica Shentoub, dont nous évoquerons longuement les travaux, se situe explicitement dans la ligne de Daniel Lagache. On sait que celui-ci, psychanalyste, fut le premier en France à utiliser le terme de psychologie clinique[1] et à promouvoir pour l'exploration de la personnalité « l'emploi clinique des tests ou le recours à des " tests de personnalité " qui *sont à proprement parler* des " épreuves cliniques " plutôt que des tests dans le sens psychométrique du terme » (Lagache, 1969, p. 70).

V. Shentoub entraîne la clinique et la théorisation de la situation-T.A.T. dans ce lieu de convergence, mais aussi de conflits, qui a pu être appelé « psychanalyse appliquée ». Nous tenterons le pari de nous y tenir.

Catherine Chabert, dans l'introduction de son *Rorschach en clinique adulte. Interprétation psychanalytique,* en délimite précisément l'espace :

> « Nous nous situons, par ailleurs, dans le domaine de la psychanalyse appliquée, ce qui nous conduit à réélaborer les concepts que nous empruntons en nous interdisant d'établir des correspondances systématiques entre les phénomènes qui se déploient au sein d'une cure et ceux qui surgissent au cours de la séquence unique et limitée que constitue un protocole de Rorschach » (Chabert, 1983, p. 2).

Il n'est sans doute pas utile de rouvrir la polémique si souvent suscitée autour de l'idée de « psychanalyse appliquée ». Psychanalyse « impure », plus ou moins entachée de vulgarisation, elle se propose

---

1. Cf. la Leçon inaugurale de son cours à la Sorbonne, novembre 1947 (Lagache, 1969).

néanmoins comme une référence qu'il convient de justifier à travers un souci de rigueur peut-être parfois paralysant mais toujours stimulant. Marquons-en l'intérêt : à interroger ainsi la méthodologie projective grâce à l'outil conceptuel mis en place par Freud et ses successeurs, nous nous proposons de dégager des aspects, jusqu'ici inapparents, de la situation de test. Mais nous nous risquerons aussi à mettre en évidence des processus psychiques que la situation psychanalytique (la cure *stricto sensu*) permet d'inférer et dont l'effort métapsychologique freudien et post-freudien fournit une conceptualisation, à distance de la clinique et en cohérence avec elle.

Les différents paramètres techniques qui rendent possible la cure psychanalytique (la régularité des séances et la non-limitation de leur nombre, la position allongée de l'analysant, l'abstention du psychanalyste, silencieux et hors du champ visuel) tendent à une déréalisation de la situation, propice à l'éclosion de la névrose de transfert et à l'émergence dans son espace des contenus inconscients. Les interrelations subtiles et complexes entre ces derniers et les contenus idéationnels conscients, agissantes dans la quotidienneté, y apparaîtront déformées : l'objet que se donne une psychanalyse, c'est l'inconscient. La situation projective est plus proche d'une tranche de vie quotidienne. Tâche quasi banale, le T.A.T. peut être compris comme un moment de discours, proposé par un locuteur à son destinataire, le psychologue, sur la demande précise de ce dernier[1]. On peut postuler que cette tâche permet la mise en évidence et la compréhension de ces interrelations, ou du moins de certaines d'entre elles.

En ce sens, son champ d'application et son objet ont à être compris comme différents de ceux de la psychanalyse « pure », mais en corrélation avec eux. Il s'agit toujours de comprendre un processus psychique à bipolarité consciente et inconsciente. L'expérience psychanalytique tend à favoriser l'émergence inconsciente ; inversement, la situation projective est moins « sensible » à la polarité inconsciente. Elle permet cependant la lecture de certains de ses effets — différents de ceux qui apparaîtraient dans un entretien — à travers le versus conscient, plus perceptible.

Aussi nous est-il nécessaire d'être partie prenante de cette insistance « psychologisante ». Non, encore une fois, pour négliger l'aspect inconscient dans la situation projective, ce qui nous amènerait hors du champ où les concepts psychanalytiques peuvent valablement être utilisés, mais

1. Cf. l'analyse psycholinguistique du T.A.T. que proposent R. Gori et Y. Poinso, 1970-1971.

plutôt pour situer plus précisément dans quelles conditions et dans quelles limites la grille conceptuelle psychanalytique peut être appliquée à la situation projective. Celle-ci n'est pas une mini-cure où se dévoilerait le fantasme inconscient à travers sa mobilisation transférentielle, mais elle permet, croyons-nous, de *repérer les processus psychiques qui relient le fantasme au discours* (Rorschach comme T.A.T.) et les ponts que chacun d'entre nous établit entre ces deux aspects « du cours des événements psychiques » (Freud, 1911).

La tradition épistémique en France dans ces trente dernières années n'est guère favorable à ce qu'on mette l'accent sur les processus de fonctionnement *à la limite* du conscient et de l'inconscient. Tout au contraire, elle s'est appliquée à mettre en évidence la rupture entre ces deux modes de fonctionnement, et leur hétéronomie. Elle tend à la construction de modèles rendant compte au plus près de la totale irréductibilité du mouvement inconscient à toute prise consciente qui voudrait le subjectiver.

Dans ce contexte, le (psychologue) projectiviste français à référence psychanalytique est en situation inconfortable : il semble aller à contre-courant. S'il se situe comme interprétant les processus du moi, il est entraîné dans la mise en cause de la prépondérance de ce dernier. Il tente parfois d'explorer la validité d'éclairages différents : citons en ce sens l'approche psycholinguistique de R. Gori et Y. Poinso (1970-1971), travail plein de promesses sur le style du discours-T.A.T. Ou bien, comme D. Anzieu (1961), tenant résolu de leur confluence, il en appelle aux diverses références psychologiques des méthodes projectives autant qu'à ses propres repères psychanalytiques. Notre effort viserait plutôt à se situer dans la mouvance méthodologique des travaux de D. Anzieu sur le groupe.

***

L'histoire de la pensée psychanalytique en Amérique du Nord propose un tableau assez différent : un certain nombre d'auteurs y sont en même temps psychologues projectivistes de grand renom et théoriciens de la psychanalyse.

Évoquons par exemple le plus discuté, Roy Schafer, dont la théorie de l'« Action-Language » suscite de nombreuses polémiques. Nous le connaissons dans le champ projectif français grâce au compte rendu de la partie de son livre (Schafer, 1954) qui traite de la relation de test, publié par R. Durand de Bousingen et M. Wernert dans le numéro spécial « Techniques projectives I » du *Bulletin de Psychologie* (1963).

En 1967, il publie le recueil d'un certain nombre de ses articles, dont « How was this story told ?[1] » (p. 114-169) qui renouvelle de manière définitive l'interprétation du T.A.T. Il l'introduit par une déclaration de principes qui marque sa distance avec Murray et ses immédiats successeurs :

> « Cet ensemble d'articles est le fruit de mon effort pour appliquer la théorie psychanalytique freudienne contemporaine à des données particulières, ceci d'une manière systématique, disciplinée et sans compromis. Depuis qu'elle commence à être acceptée dans la pensée théorique et clinique, la psychanalyse a donné lieu à une utilisation superficielle, des distorsions, des emprunts tirés de leur contexte, des applications sauvages et d'autres abus. Tout ceci n'a pas entravé le développement de la psychanalyse elle-même, mais cela a introduit la confusion et une pauvreté de pratique dans la psychologie clinique en général, et particulièrement dans le travail de diagnostic psychologique. Je pense qu'il n'y a pas d'autres manières que la mienne de mettre en évidence à quel point les idées de la psychanalyse peuvent s'appliquer au travail de psycho-diagnostic et combien elle l'éclaire[2]. »

R. Holt (1978) souligne qu'avec le travail de D. Rapaport (1951, 1968), la psychologie clinique américaine opère une conversion définitive dans son approche, devenue *quite different and more theoretically grounded*[3]. A sa suite, un certain nombre de noms s'illustrent dans le travail sur les tests projectifs : Robert Knight, David Shapiro, Merton Gill, Robert White, par exemple.

Ces mêmes auteurs, nous les retrouvons dans de multiples publications psychanalytiques : autour de la créativité et des processus de pensée (Rapaport (1951), Holt (1960), Pine (1960, 1962), du transfert (Gill, 1983), de la notion de style (Shapiro, 1965), pour ne parler que des problématisations que nous reprendrons au cours de ce travail. O. Kernberg (1975, p. 25-26) s'appuie sur les travaux de Rapaport, Gill et Schafer (1968) à propos des tests projectifs chez certains patients « pré-schizophréniques », pour soutenir l'idée de la prédominance des processus primaires de pensée dans les organisations limites (*infra,* chapitre 9). Leur expérience clinique des données projectives, au moment où ils choisissent « d'intensifier leurs orientations vers la théorie psychanalytique, la

1. « Comment raconte-t-on l'histoire ? » (Notre traduction.)
2. Schafer, 1967, p. 1 (Notre traduction.)
3. « Tout à fait différente et mieux enracinée dans la théorie », Holt, 1978, p. 33. (Notre traduction.)

recherche d'une validation et la thérapie psychanalytique, et qu'ils émigrent (" grown away ") de la pratique des tests à la psychanalyse » Holt, 1978, p. 1 (notre traduction) semble contribuer à la richesse de leur travail. Sans doute aussi les entraîne-t-elle dans une systématisation (très sensible chez D. Rapaport) et une généralisation (« s'occuper de la personne totale ») particulièrement dangereuse pour la pensée psychanalytique.

Il est habituel de rendre compte de cette facilitation en évoquant l'impact de la « psychologie du moi » hartmanienne sur la pensée psychanalytique aux U.S.A. Une autre influence, celle-ci plus « viennoise » et se développant en Amérique avec l'arrivée des émigrants du temps du nazisme, est peut-être pour notre sujet aussi déterminante[1].

On sait que Freud vit le début du développement de sa théorie et de sa pratique (1890-1920) dans une Vienne marquée par le mal-être intellectuel et la critique des valeurs régnantes en fin de siècle. L'effort (cf. le cercle Jung Wien) portait alors sur la mise en cause de l'abord traditionnel de l'expression, de la communication, du discours et sur la recherche d'une théorie du langage et de la représentation (« Darstellung »/« Bilder ») qui permette un renouvellement, tant dans le domaine de l'éthique que de l'art. Ce mouvement s'est illustré avec Mahler et surtout Schönberg dans la recherche musicale, avec Loos, Klimt et Kokoschka dans l'activité architecturale ou picturale. Le Rilke des *Cahiers de Malte Laurids Brigge*, un Kafka ou un Musil le déploient dans l'écriture, mais il ne trouvera son aboutissement philosophique qu'avec Wittgenstein (1961).

Le rapprochement de ce dernier avec B. Russell et Frege et l'essor des théories linguistiques de l'école d'Oxford (J. L. Austin, 1962), ont contribué à la compréhension du langage à la fois comme *acte* (indépendant du projet dans lequel il s'insère) et comme *action* (sur l'autre). Le contenu communiqué est considéré à la fois comme représentation, comme expression et comme appel à un destinataire (cf. la pragmatique). Un certain nombre de travaux des psychologues et des psychanalystes américains se situent explicitement dans le fil de ces recherches (R. Schafer, les conceptions des systémiques).

1. Nous tenons ici à remercier vivement Agnès Oppenheimer des échanges que nous avons eus avec elle : ses recherches personnelles l'amenaient à insister sur l'importance de Wittgenstein et de la pragmatique dans l'évolution de la pensée psychanalytique aux U.S.A. ; elles ont relancé et grandement stimulé notre intérêt pour l'évolution des psychologues projectivistes en Amérique.

Sans doute, ce courant de pensée pèse-t-il sur l'ensemble de la pensée psychanalytique américaine, de tradition très viennoise, la rendant proche du champ des tests projectifs : le Rorschach et le T.A.T. n'offrent-ils pas un espace d'analyse du discours tout à fait particulier, à l'intersection même du désir qui le mobilise et de la forme qui le limite, en le constituant comme « adresse » à l'autre ?

PREMIÈRE PARTIE

V. SHENTOUB POSITION THÉORIQUE ET MÉTHODOLOGIQUE

« D'un jeu qui se sait jeu
et peut disposer de son déroulement. »
V. Shentoub, cours polycopié 1968.

1 Historique

Les sources

Dans la mise au point qu'elle écrit pour l'Encyclopédie médico-chirurgicale, en 1982 (p. 2), V. Shentoub nous propose elle-même les points d'appui historiques de sa démarche. Elle s'y situe en filiation avec l'école américaine, représentée autour de 1955-1960 par Rapaport, Holt, Schafer, pour ne citer que les plus connus.

Auteurs critiques quant à la position théorico-méthodologique de Murray qui, comme on l'a vu, était loin de donner satisfaction aux psychologues, ils opèrent par rapport à leurs prédécesseurs (Murray bien sûr, mais aussi Piotrowski, Tomkins, Henry, et au moins dans une première période Symonds) une véritable conversion : décentrer l'intérêt du contenu de l'histoire, s'attacher à en travailler la forme.

Un article de R. Schafer, paru en 1958 dans le « Journal of Projectives Techniques » et très souvent cité par V. Shentoub, précise de manière saisissante la nouvelle attitude interprétative, soutenue au même moment par Holt (Shentoub Rausch, 1958). Ce dernier propose enfin (Shentoub, Shentoub, 1958), pour la première fois depuis Murray, une *méthodologie propre* à l'interprétation de l'histoire-T.A.T., en différenciant celle-ci *et* de la rêverie diurne *et* du rêve : produite en réponse à une exigence de l'examinateur et à la présentation d'un matériel figuratif précis, c'est pour Holt avant tout un « produit cognitif » ; ou du moins elle doit l'être et témoigner ainsi de la « capacité adaptative » de son auteur et de « la neutralisation pulsionnelle » que sa production exige. L'appartenance de Holt et des auteurs de cette tendance à l'école psychanalytique de Hartmann, dite de l' « Ego-Psychology », est évidente.

Cette ligne de recherche était stimulante. Elle permettait — enfin — de différencier l'interprétation du T.A.T. de l'écoute psychanalytique. Les successeurs immédiats du « père » du T.A.T., psychanalystes praticiens pour beaucoup d'entre eux, semblent avoir été en effet soucieux, tout en respectant la méthodologie primitive de Murray (1938, 1943), de se rapprocher de la théorie psychanalytique prise dans son ensemble, et particulièrement de la seconde topique, négligée par lui au profit d'un abord psychanalytique simplifié, surtout inspiré de la première topique. Ils appréciaient l'histoire-T.A.T. quant à son contenu, la lisaient comme on écouterait un rêve. Pensons par exemple à l'apport de Piotrowski (1950) en ce sens (par ailleurs, très riche quant à la clinique du T.A.T.), et les règles d'interprétation qu'il propose : comme dans le rêve, dans l'histoire-T.A.T. chaque personnage exprime quelque aspect de la personnalité du testé, les tendances les plus refusées par le Moi sont les plus déformées, etc. Mais *en même temps* on restait attaché à la notion de héros, à la recherche de l'expression de ses « besoins », des « pressions » qu'il subirait de la part de l'environnement ! L'opposition des deux méthodologies, parfois totale, entraînait la recherche dans une impasse.

L'attitude de Holt, son insistance sur le fait que l'histoire-T.A.T., produit social, ne peut être ramenée sans abus ni à la fantaisie dont on connaît le caractère strictement privé, ni au rêve tel qu'il est raconté dans une psychanalyse, indissociable de l'évolution du transfert, introduisait enfin des paramètres d'interprétation pertinents à la situation-T.AT., qui permettaient de dépasser ce point de butée.

1955-1960

V. Shentoub semble s'être située d'abord dans cette mouvance. Ses premiers articles (1955-1959), sensibles à la notion de « distorsion aperceptive » telle que la propose Bellak (1951) et au travail de R. H. Dana (1955), se réfèrent à l'idée, empruntée cette fois à Symonds, d'une « structure » susceptible d'être mise en évidence par le T.A.T.

> « Ce qui distingue le normal et le pathologique, c'est que le normal intègre ces éléments (ces conflits, cette agressivité, cette culpabilité, etc.) les organise mieux, les domine, les utilise même en vue d'une meilleure adaptation. *C'est donc la manière d'utiliser les éléments en présence, de les intégrer ou d'être débordé par eux*[1] qui permet d'opérer le diagnostic positif, et en partant de là, le diagnostic différentiel » (Shentoub, 1957, p. 187).

1. Souligné par nous.

De ce septicisme, d'emblée total, quant à l'intérêt à porter au contenu, elle ne se départira pas.

> « (...) les facteurs tirés du contenu (projectif) sont les mêmes pour les normaux et pour les malades. On constate la même culpabilité, la même agressivité, la même jalousie. Ce qui diffère, c'est leur « dosage », et comme nous venons de voir, leur intégration dans l'ensemble de la personnalité » (Shentoub, 1955, p. 589).

Et si elle note déjà, sans s'y attarder, que « les réactions au réel, la planche, (sont à) considérer *sous l'angle des mécanismes de défense dans le sens le plus étroit du terme*[1] » (*ibid.*, p. 589), c'est surtout au moment perceptif de la situation-T.A.T. qu'elle se propose d'être attentive, suivant en ceci la position de Dana.

Très vite, elle pointe l'insuffisance des travaux sur les processus psychiques à l'œuvre dans la situation-T.A.T. (Shentoub, Rausch, 1958). Elle se propose de pallier ce qu'elle considèrera encore, dans son article de mise au point de 1982, comme la grande faiblesse des recherches américaines :

> « Les uns et les autres semblent se heurter à l'absence d'une *théorie* homogène susceptible d'expliquer ce qui se passe chez le sujet lorsque on lui demande " d'imaginer une histoire à partir de la planche ". D'une théorie dont dépendrait l'élaboration d'une *méthodologie* également homogène » (Shentoub, Rausch, 1982, p. 2).

Deux instruments méthodologiques se dessinent dans cette période, qui vont petit à petit s'affiner : la grille de dépouillement (encore actuellement en remaniements) et la recherche de la réponse banale, esquisse de ce qui sera plus tard formalisé en termes de « contenu latent — contenu manifeste » de la planche (Shentoub, Shentoub, 1958).

Il fallait, en effet, dans cette optique de travail, mettre en place un « répertoire » des formes d'expression qui, concourant à la production de l'histoire, témoignerait des différents modes de l'organiser (ce que Symonds appelait « structure »). La recherche de la réponse banale, sans doute née d'un souci statistique, allait pour sa part laisser émerger de la clinique la notion de « bonne distance à la fantasmatique », que nous allons voir apparaître dans les articles de la période suivante.

1. Souligné par nous.

1960-1969

Pendant les dix années qui vont suivre, V. Shentoub met à l'épreuve cet instrument méthodologique (thème banal et feuille de dépouillement). Partant de la théorie psychanalytique comme théorie de la personnalité, elle isole de nouveaux paramètres de la situation-T.A.T., susceptibles de rendre compte de ce qui en fait l'originalité, la production d'*une histoire racontée à partir d'un dessin.*

Au départ de cette élaboration, l'étroite référence des premières recherches aux travaux des psychanalystes américains relevant de l'école de Hartmann, Kris, Lowenstein, dite de l'Ego-Psychology, n'était pas sans poser problème. Il est sans doute utile de préciser, pour le lecteur actuel que les positions de Hartmann, loin d'être l'affadissement d'une pensée psychanalytique auparavant riche et vivante, se présente vers 1950 comme un effort de rigueur, un retour aux exigences d'un instrument théorico-clinique complexe, tel que Freud le transmet à la fin de sa vie. La disqualification de cette pensée dans notre pays, liée à la méfiance justifiée devant l'idée, bien peu freudienne, d'un fonctionnement humain qui échapperait, même pour une part, au pulsionnel[1], ne doit pas nous faire minimiser l'apport de cette école à l'histoire des idées psychanalytiques en Amérique du Nord.

Les psychologues français s'intéressant au T.A.T. se trouvaient pris dans une situation paradoxale. Ils participaient d'un côté à l'enthousiasme américain devant le renouvellement d'une pensée qui, et dans le champ de la psychanalyse et dans le champ du T.A.T., pouvait être fière de ses exigences de rigueur et de fidélité à Freud au sein d'une culture psychologique ambiante prête sur ce plan à beaucoup de facilités. En même temps ils étaient affrontés en France à une non moins légitime suspicion[2] et fortement gênés par les critères interprétatifs de Holt, inspirateur jamais renié : selon lui, l'histoire-T.A.T., traitée comme « produit cognitif » : témoignerait de l'efficacité de « la sphère du Moi libre de conflit » et de « l'autonomie secondaire du Moi ». Le T.A.T. devenait dans cette optique la mise à l'épreuve efficace de la capacité de « neutralisation » du sujet (changement qualitatif de la pulsion dont l'orientation instinctuelle, sexuelle et agressive, est abandonnée quand elle s'engage dans la structure du Moi) (Shentoub, 1972-1973, p. 585). Et

1. La condamnation de la dérive psychologisante (et adaptative, mais ce n'est qu'une conséquence) qu'imprimaient — d'ailleurs de manière bien peu triomphaliste — un Hartmann ou un Lowenstein à la psychanalyse, fut, en France, très sévère.

2. De nombreux éléments de réflexion sur ce sujet sont proposés par A. Green dans *Le dicours vivant,* paru en 1973 (p. 110 et suivantes).

c'est justement ce concept qui apparaissait comme des plus critiquables parmi ceux que proposait l'école de l'Ego Psychology.

Ce malaise se ressent fortement à la lecture des textes de V. Shentoub — très nombreux — qui se succèdent de 1960 à 1970 ; sans doute est-ce cette pression qui suscite son effort. « Sous l'influence de la psychiatrie moderne, d'inspiration psychanalytique » (Shentoub, 1968-1969, p. 9), elle trouve un premier compromis en se centrant sur la mise en évidence des mécanismes de défense du Moi :

> « Le mode d'organisation (du récit face au conflit réactivé par l'image) nous renseigne sur les procédés mis en œuvre par l'individu, autrement dit sur ses mécanismes de défense. L'éventail plus ou moins large de ces mécanismes et leur efficacité, autrement dit la faculté dont dispose le moi de se dégager des conflits, ou au contraire son impossibilité à la faire... » (Shentoub, 1968-1969, p. 10).

Elle rapproche, dans sa thèse de 1967 (p. 53), la situation T.A.T. de « l'examen clinique approfondi » en discipline psychiatrique : même référence au corpus de la psychanalyse, temps limité, attitude active du clinicien, relation choc et de courte durée, échantillon de conduite. Mais elle ne semble pas, par la suite, avoir souhaité pousser plus loin cette hypothèse de travail.

L'influence de D. Lagache (1961), (1964) l'aide à se dégager de la problématique de l'Ego Psychology. La notion de « mécanisme de dégament[1] qu'elle lui emprunte (Shentoub, 1967, p. 23) se substitue de manière heureuse à celle de « degré d'autonomie du Moi face aux conflits défensifs », encore présente dans les travaux de 1963 et jusque dans sa thèse, en 1967 (p. 63).

> « Ainsi arrive-t-on à dégager dans le Moi deux « secteurs », l'un qui reste dépendant autant du Ça que du Surmoi, et l'autre qui s'en différencie par sa résistance aux tensions, aux répétitions, par sa relative autonomie par rapport aux structures inconscientes, et qui laisse à l'homme la possibilité de fonctionner en se réalisant » (Shentoub, 1968-1969, p. 16).

La clinique du T.A.T. s'affirme à cette époque, grâce à l'usage systématique des instruments méthodologiques mis en place (feuille de dépouillement et thème banal)[2]. Il lui est alors loisible d'isoler la notion

---

1. Voici la définition qu'en donnent Laplanche et Pontalis dans le *Vocabulaire de la Psychanalyse* : « Notion introduite par E. Bibring (1943) et reprise par D. Lagache (1956) dans son élaboration de la théorie psychanalytique du Moi. D. Lagache oppose les mécanismes de dégament aux mécanismes de défense : alors que ceux-ci n'ont pour fin que la réduction urgente des tensions internes (...) ceux-là tendent à la réalisation des possibilités, fut-ce au prix d'une augmentation de tension » (Laplanche et Pontalis, 1967, p. 237).

2. Shentoub et Shentoub, 1960 — Shentoub, 1963 et 1967 — Shentoub et Basselier, 1963.

d'investissement à bonne distance du fantasme évoqué par la présentation de la planche T.A.T. Cette notion apparaît aujourd'hui comme de très grande valeur heuristique et sa fécondité est loin d'être épuisée. V. Shentoub en fait d'abord un critère normatif :

> « C'est un problème de distance à établir (...), idéalement égale entre les éléments objectifs de la réalité (de la planche) et les fantaisies inconscientes empreintes de désir et de défense (défense par la réalité, défense par la fantaisie). Distance idéale : le sujet s'engage et peut se dégager, conscience de la fantaisie que Lagache rattache [V. Shentoub cite] à « une autonomie relative impliquant la communication entre les structures inconscientes et les activités adaptatives et créatrices de l'esprit » (Shentoub, 1967, p. 57).

Ni trop, ni trop peu, dira-t-elle, rapprochant le T.A.T. du sujet normal d'*un jeu qui se sait jeu et peut disposer de son déroulement* (Shentoub, 1968-1969, p. 28). Ces deux notions : dégagement et bonne distance, dégageaient le T.A.T. de ses sources hartmanniennes et d'exigences statistiques, difficilement conciliables avec la clinique à référence psychanalytique. Plus encore sans doute, et il nous faut le noter ici avec beaucoup d'insistance, elles portaient en germe le développement de ses travaux récents (Shentoub, 1981), autour du T.A.T. comme test de créativité.

> « Ainsi la notion de normativité, excluant toute référence axiologique ou statistique, se fonde sur un ensemble de critères qui pourraient converger vers la notion de créativité »,

écrit-elle dès 1973 (p. 257). Plus précisément encore :

> « C'est au mécanisme de sublimation, donc de création (que le T.A.T. fait appel). Ce mécanisme ne pourrait s'enclencher que chez des individus dotés d'un certain type de fonctionnement mental, caractérisé en particulier :
> — Par la perméabilité des substructures de l'appareil psychique (Cs, Pcs, Ics) propre à assurer la communication entre elle,
> — par la possibilité de régresser, au risque de se désorganiser et d'avoir à se ré-organiser à l'aide de mécanismes privilégiés » (Shentoub, 1981, p. 67).

Cette notion de « distance » impliquait que soit connue la réactivation fantasmatique liée à l'impact de chaque planche. Les travaux sur le thème banal débouchaient sur les catégories « contenu manifeste, contenu latent », qui allaient donner leur empreinte définitive à la méthode d'interprétation de V. Shentoub :

> « La problématique à laquelle le stimulus renvoie par construction, (voilà) ce que les deux écoles américaines scotomisent [...]. Le matériel renvoie essentiellement, sinon exclusivement, à l'Œdipe » (Shentoub, Debray, 1970-1971, p. 898).

1970-1971-1972

Restait à mettre en place une théorie du « processus-T.A.T. ». Un article de 1970, écrit en collaboration avec R. Debray, « Fondement théorique du processus-T.A.T. » (Shentoub, Debray, 1970-1971) puis la publication du cours de V. Shentoub dans le *Bulletin de Psychologie* (Shentoub, 1972-1973), allaient répondre à cet objectif. Nous ne nous y attarderons pas, le prochain chapitre nous permettant d'en rendre compte de manière extensive. L'instrument de travail, en effet, pouvait permettre de multiples développements, des dérives, la découverte de méthodologies « pointues », ou pertinentes à d'autres champs : en tant qu'outil de compréhension et de recherche il proposait une méthodologie cohérente à la théorie qui le soutenait.

Notons le mouvement qui l'anime : la reconnaissance explicite de la place nodale du concept de fantasme. Celui-ci est à l'origine du mouvement qui aboutit chez le sujet à la production de l'histoire, comme il est à l'origine de tout investissement, dans la vie quotidienne, de la réalité externe et de ses objets : « sans la fantaisie sous-jacente, réactivée par le stimulus, *porteuse, elle, de désir et de défense,* sans laquelle il n'y aurait pas de réalité, comme dirait Lagache, ni d'histoire au T.A.T.[1] »

Conséquence de ce postulat, pour des auteurs fidèles aux positions théoriques de la psychanalyse :

> « Le contenu (de la planche) fait toujours référence à la situation œdipienne, même si le contenu manifeste privilégie tel ou tel aspect de la situation » *(ibid.).*

L'accent est déplacé du travail du moi à la dialectique entre ses procédés de fonctionnement et la pression du fantasme, qui prend une place centrale. L'histoire témoigne du « compromis original face aux heurts entre les impératifs conscients et inconscients » (*ibid.,* p. 900). L'interprétation sera : « confrontation entre le texte manifeste du récit et le contenu latent de celui-ci » et la « mise en évidence des procédés qui ont permis le passage de l'un à l'autre » (*ibid.,* p. 901).

> « L'analyse des données (se fera par référence) au modèle structural œdipien, *car c'est à travers la possibilité ou l'impossibilité à maîtriser la poussée fantasmatique liée à l'Œdipe* que l'on peut apprécier aussi bien la position du sujet face à ce modèle que les aléas de son histoire[2]. »

1. Shentoub, Debray (1970-1971), p. 898. Souligné par nous.
2. *Ibid.,* p. 901. Souligné par nous.

2 Système interprétatif de Vica Shentoub

LA SITUATION T.A.T.

Un psychologue, et son partenaire dans la situation de test, face à face, ou plutôt le psychologue un peu effacé sur le côté. Effacé au profit du média, ce média qui va donner à cette situation d'interactions relationnelles, commune à de multiples pratiques professionnelles, sa couleur propre : un jeu de planches au dessin « rétro » et une consigne : « imaginer une histoire à partir de cette planche ».

La situation d'examen : l'examinateur, la consigne

Le psychologue, précise V. Shentoub, n'est pas dissociable de la situation de test. Comme celle-ci, il est « investi avant que d'être perçu ; [...]. La valeur l'emportant dans cette représentation, elle obéit surtout à la loi du tout ou rien, et l'examinateur est imaginé tout bon ou tout mauvais » (Shentoub, Rausch, 1982, p. 3).

Il donne appui à des représentations massives, peu susceptibles de modulations, compte tenu du temps court de la passation. Du fait aussi que, tout au long du test, le psychologue reste intervenant — et non neutre comme dans un entretien de type psychanalytique — : s'il s'abstient de tout jugement, ne pose pas de questions, il impose cependant le matériel et la consigne et « transcrire les propos du sujet fait de lui le représentant mixte de la fantaisie et de la réalité. Il est, comme l'ensemble de la situation, porteur d'une règle qui comprend l'incitation du désir et la défense » (*ibid.*, p. 3).

Si l'on ne croit pas à « l'objectivité » du psychologue, la non-ingérence lui reste fermement prescrite : il doit s'abstenir de poser des questions, contrairement à ce que conseillait l'école américaine. Tout au plus est-il autorisé à solliciter un dénouement à l'histoire, particulièrement aux deux premières planches, et à banaliser une impossibilité de répondre à la consigne, un « refus » toujours extrêmement angoissant pour le sujet, par la phrase la plus anodine possible. Ses paroles, s'il est amené tout de même à en prononcer, doivent être notées textuellement.

Si le psychologue peut être compris comme le garant de la règle, celle-ci trouve son expression verbalisée dans la consigne proposée : « raconter une histoire à partir de la planche ». Conflictuelle, elle implique deux mouvements contradictoires : raconter à partir d'une perception partageable, que V. Shentoub appelle *le contenu manifeste de la planche*[1] — les éléments de la planche sont suffisamment triviaux pour qu'il se fasse à leur sujet un certain accord — un récit cohérent et transmissible à autrui ; mais dans le même temps, l'investissement du fantasme qu'appelle l'évocation d'un « imaginer » entraîne pour le sujet l'acceptation du « laisser-aller » et une certaine régression formelle de la pensée. La menace du débordement par les charges affectives mises en mouvement se fait plus présente. Si le réinvestissement de la fantasmatique individuelle — élaborée autour de fantasmes originaires partagés par tous — appelle un fonctionnement selon le principe de plaisir, « le contenu manifeste fixe les limites à la fantaisie en faisant appel au principe de réalité » (Shentoub, Rausch, 1982, p. 3).

Cette oscillation nécessaire entre contrôle et laisser-aller peut paraître correspondre à un mouvement dialectique trouvant son issue dans l'histoire elle-même. V. Shentoub la compare au mouvement d'une cure psychanalytique, citant Lagache : « Déraisonnez, et maintenant raisonnons. » La consigne cependant implique que ces deux mouvements trouvent *en même temps* leur expression dans l'histoire, histoire en résonance avec la problématique suggérée, et, comme nous l'avons vu, universelle.

Le matériel

Aussi chaque planche doit-elle être considérée sous l'angle de son *contenu latent* — une des multiples figures du fantasme œdipien, différente suivant les dessins. Celui-ci se propose avant tout comme « un moule, une canalisation dans lequel l'individu est invité à entrer » pour en dessiner les rives selon l'organisation de son propre monde interne.

1. En voir le détail, pages 22 à 25.

V. Shentoub s'est elle-même expliquée quant au choix du terme du « contenu latent », discutable dans la mesure où il change de sens en passant du champ psychanalytique au champ projectiviste :

> « Si le terme de contenu latent, appliqué au matériel, ne va pas sans objections, parmi lesquelles celle que ce terme ne peut concerner que le sens d'un récit donné par le sujet, il rend bien compte de la non-neutralité du matériel, et des messages dont il est saturé » (Shentoub, Rausch, 1982, p. 3).

Le travail de V. Shentoub et de R. Debray sur les fondements théoriques du T.A.T. (Shentoub, Debray, 1970-1971, p. 899) nous offre un relevé des différents cas de figure qui se proposent au sujet.

Extrait des pages 899 et 900 du *Bulletin de Psychologie,* 1970-1971, *24,* 292 (12-15), pp. 897-903 : « Fondements théoriques du processus-T.A.T. » :

Planche 1 [1]

C.M. L'enfant maussade face au violon.
C.L. L'enfant face à l'objet (du père).

Planche 2

C.M. Homme, femme, jeune fille dans les champs.
C.L. Triangle œdipien.

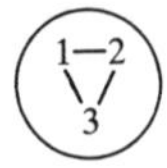

Planche 3
BM

C.M. Individu affalé + objet par terre.
C.L. Être seul « entier »... versus culpabilité/autodestruction.

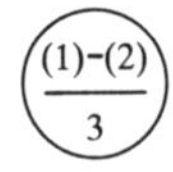

Planche 4

C.M. Couple en discorde.
C.L. Expression de l'agressivité au niveau du couple (scène primitive).

---

1. Nous nous limitons ici à l'analyse des planches dites « masculines » mais dont la plupart sont également présentées aux sujets du sexe féminin, pour lesquels on change seulement : 6BM en 6GF (7BM en 7GF) 8BM en 9GF.

On peut poser le triangle œdipien sous forme d'une représentation graphique où 1 = père, 2 = mère, 3 = enfant. La relation directe est représentée par trait, la relation en puissance par un pointillé et la relation où prédomine l'agressivité par un trait barré. Les parenthèses indiquent l'absence de l'objet au niveau du contenu manifeste du matériel.

Planche 5

C.M. Femme pénétrant dans une pièce.
C.L. Relation à la mère.

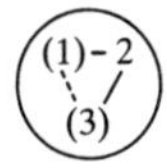

Planche 6
BM

C.M. Jeune homme et femme âgée qui lui tourne le dos.
C.L. Rapprochement fils-mère.

Planche 7
BM

C.M. Jeune homme et homme âgé en conversation.
C.L. Rapprochement homosexuel.

Planche 8
BM

C.M. L'« opération ».
C.L. Agressivité contre le père (versus castration/destruction).

Planche 10

C.M. Couple qui s'embrasse.
C.L. Expression libidinale au niveau du couple.

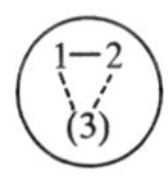

Planche 11

C.M. Paysage inquiétant, rochers, précipice, « dragon ».
C.L. Réactivation d'une problématique pré-génitale, versus symbolisme phallique.

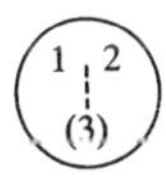 [1]

Planche 13
B

C.M. Garçon seul, devant une maison en planches disjointes.
C.L. Être seul « entier », versus symbolisme maternel.

1. 1 et 2 ainsi reliés signifient l'indifférenciation des images.

Planche 13
MF

C.M. Femme couchée, dénudée, homme se voilant la face.

C.L. Expression de la sexualité dans le couple (versus agressivité-scène primitive).

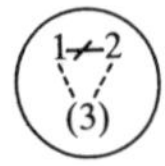

Planche 19

C.M. Image « surréaliste » de maison sous la neige — « fantômes ».

C.L. Réactivation d'une fantasmatique pré-génitale, versus symbolisme maternel.

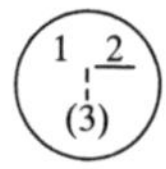

Planche 16

C.M. « Carte blanche ».

C.L. Manière dont le sujet structure les objets internes et les relations entre eux.

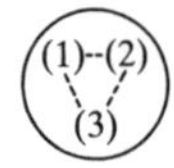

En fait, l'actuel jeu français se compose de 17 planches (et non des 31 planches du jeu américain). On en présente 13 ou 14 au sujet. Les cinq premières, y compris la 3BM, sont les mêmes pour les deux sexes. Les planches 6 et 7 ont deux versions : une masculine (6BM et 7BM), l'autre féminine (6GF et 7GF). Les planches suivantes sont de nouveau « unisexe », sauf la 9GF qui est proposée aux sujets femmes, alors qu'on omet généralement la 9BM. La 13B enfin est ajoutée par certains psychologues, et parfois par V. Shentoub.

La pratique de ces dix dernières années semble avoir enrichi, au moins pour certaines planches, ces positions parfois schématiques.

La planche 1 offre un contraste assez prégnant entre l'immaturité de l'enfant qui en est le personnage, et le violon d'adulte qui est posé devant lui. Contraste qui appelle, pour celui qui y est confronté, la réactivation des vécus internes d' « impuissance ». L'angoisse de castration ainsi mobilisée suppose, pour être élaborée, notent D. Anzieu et C. Chabert (1983, p. 152) que « la différenciation entre sujet et objet soit solidement établie. [...] Les bizarreries dans l'appréhension du personnage (" il a un œil ouvert, l'autre est fermé "), les fausses perceptions (non-identification des objets : " un garçon devant une voiture ") [...] témoigneraient de l'incapacité ou des difficultés à poser une représentation de soi unifiée. »

L'insistance de la représentation corporelle à *la planche 3* avait amené V. Shentoub et R. Debray à préférer cette planche à sa version féminine américaine (3GF), même pour les femmes. Elle s'est vu reconnaître sa pleine charge dépressive à traduction corporelle, et la sollicitation des angoisses dépressives essentielles qu'elle supporte.

De même *la planche 5,* si elle permet au sujet d'évoquer une image de mère surmoïque ou intrusive et persécutrice, est aussi fortement saturée par une fantasmatique de scène primitive, impliquée par le mouvement de « voir » que la planche rappelle.

La planche 7GF met l'accent sur les processus identificatoires au sein de la relation mère-fille. Le sujet peut aussi réagir fortement à la manière dont la fillette porte le bébé et évoquer en écho des fantasmatiques d'abandon.

La planche 9, comme la planche 5, peut être traitée à des niveaux fantasmatiques plus ou moins « crus » : la rivalité féminine peut s'effacer au profit d'images maternelles persécutantes ou mortifères. L'environnement devient parfois le support de projection d'un mauvais objet (« mer déchaînée », « ciel d'orage », etc.).

Il en est de même à *la planche 10* qui offre la possibilité d'évoquer des relations en miroir, le rapproché œdipien et les théories sexuelles infantiles, tout autant que le mixage tendresse/libido. En deçà de ces évocations, ajoutent D. Anzieu et C. Chabert (*ibid.*, p. 154) :

> « C'est l'image du corps propre qui peut être mise en cause dans cette planche : les parties du visage qui sont dans l'ombre (contenu manifeste) ne peuvent être reconstituées et intégrées à une représentation complète, par des sujets souffrant d'angoisse de morcellement ou de désintégration : l'absence de figuration interne d'un objet total rend impossible sa reconstruction à partir d'un stimulus partiel. »

Construire un « récit » devant la stimulation de *la planche 11,* qui appelle à la « plongée fantasmatique » en fonction de son aspect chaotique, peu organisé, est apparu de plus en plus lié à la capacité de régression et de reconstruction (« remontée »). L' « archaïsme » de la problématique s'exprimerait plus ou moins métaphoriquement, à travers des traductions de plus en plus humanisées (nous retrouvons là une intuition propre à la pratique du Rorschach concernant les degrés de dévitalisation) : le règne minéral correspondant aux angoisses les plus archaïques (« éboulement », « tremblement de terre », etc.) ; le règne animal pouvant permettre une remontée et la limitation de l'angoisse dans des représentations phobogènes ; la mise en scène de personnages humains se donnant comme le niveau d'organisation de l'histoire le plus reconstruit (exemple : « un bombardement, quelques hommes fuient la cathédrale incendiée »). Cette planche entraîne parfois inhibition massive ou décompensation du mouvement de secondarisation.

La planche 19 s'est révélée très riche d'une sollicitation à fantasmer en termes contrastés dedans/dehors, bon/mauvais, etc.

A la compréhension de *la planche 16* comme invite à fantasmer, « carte blanche pour le sujet », s'est ajoutée celle de sa sensibilité à la relation de test.

Nous disposons ainsi d'un listing de référence qui a fait l'accord des cliniciens. Nous en donnons ici de nouveau la reproduction (1re publication : Shentoub, Debray, 1978-1979, p. 321-322).

Contenus manifestes et contenus latents aux planches du T.A.T.[1]

Planche 1 :

Manifeste : Un garçon, la tête entre les mains, regarde un violon posé devant lui.

Latent : Renvoie à l'image d'un enfant ; l'accent porte donc sur l'immaturité fonctionnelle face à un objet d'adulte (pas à un jouet), objet phallique.
Le conflit portera sur la difficulté, voire l'impossibilité à utiliser cet objet dans l'immédiat, avec aux deux extrêmes la position dépressive (incapacité, impuissance) et la position mégalomaniaque (toute-puissance).

Planche 2 :

Manifeste : « Scène champêtre ». Un homme avec un cheval, une femme adossée à un arbre, une jeune fille au premier plan tient des livres.

Latent : Renvoie au triangle œdipien : père — mère — fille, mais sans notion d'immaturité fonctionnelle.
Le conflit portera sur la position du jeune adulte face au couple, ce qui est objectivé au niveau du contenu manifeste par la différence entre les deux plans. Chaque personnage pouvant être perçu comme nanti à sa façon.

1. Document de travail propre à l'enseignement du T.A.T. assuré à l'U.E.R.-Institut de Psychologie de Paris V.

Planche 3BM :

Manifeste : Un individu affalé au pied d'une banquette (sexe et âge indéterminés, objet également flou).

Latent : Renvoie à la position dépressive essentielle avec traduction corporelle (pas de conflit, c'est la perte de l'objet).

Planche 4 :

Manifeste : Une femme près d'un homme qui se détourne (différence de sexe, mais non de génération).

Latent : Renvoie à une relation de couple manifestement conflictuelle avec deux pôles : agressivité — tendresse.

Planche 5 :

Manifeste : Une femme d'âge moyen, la main sur la poignée d'une porte, regarde à l'intérieur d'une pièce.

Latent : Renvoie à une image féminine (maternelle) qui pénètre et regarde.
Le conflit enverra, face à ce type d'image féminine, à la possibilité ou non de se situer par rapport à une instance sur-moïque.

Planche 6BM :

Manifeste : Un homme, de face, l'air soucieux, et une femme âgée qui regarde ailleurs (différence de sexe et différence de génération).

Latent : Renvoie à une relation mère-fils dans un contexte de malaise. Le conflit doit se nouer autour de l'interdit du rapprochement œdipien objectivé au niveau de l'image par l'espace qui sépare les deux protagonistes de même que par leur position respective (ne pas se rapprocher).

Planche 7BM :

Manifeste : Deux têtes d'hommes côte à côte ; l'un « vieux » tourné vers l'autre « jeune » qui fait la moue (différence de génération, pas de différence de sexe, pas d'immaturité fonctionnelle).

Latent : Rapproché de type père-fils, dans un contexte de réticence du fils au niveau des idées (corps exclus).
Le conflit doit se nouer autour du rapprochement entre ces deux personnages avec deux pôles : tendresse-opposition.

Planche 8BM :

Manifeste : Un homme couché, deux hommes penchés sur lui avec un instrument. Au premier plan, un garçon seul qui tourne le dos à la scène, et un fusil (pas de différence de sexe, différence de génération ; pas d'immaturité fonctionnelle).

Latent : Renvoie à une scène d'agressivité ouverte mettant en présence des hommes adultes et un adolescent dans un contexte de positions contrastées active/passive.
Le conflit doit se nouer autour de la scène d'agressivité ouverte du deuxième plan en la reliant au garçon et au fusil du premier plan. Il renvoie au problème de l'agression corporelle qui peut être vécue au niveau de la castration ou au niveau de la destruction.

Planche 6GF :

Manifeste : Une jeune femme assise au premier plan se retournant vers un homme qui se penche sur elle (pas de différence de génération marquée, différence de sexe).

Latent : Renvoie à une relation hétérosexuelle dans un contexte de désir libidinal et de défense contre le désir (y compris la culpabilité). Le désir est objectivé par le mouvement de l'un vers l'autre, et la défense par la séparation des plans.
Le rapproché œdipien est offert et interdit à la fois.

Planche 7GF :

Manifeste : Une femme, livre à la main, penchée vers une petite fille à l'expression rêveuse qui tient un poupon dans les bras (différence de génération, immaturité fonctionnelle pour la fille).

Latent : Renvoie à une relation de type mère-fille dans un contexte de réticence de la part de la fillette (rivalité, identification).
Le conflit se noue autour de l'identification à la mère, favorisée par celle-ci.

Planche 9GF :

Manifeste : Une jeune femme, derrière un arbre, portant des objets, regarde une deuxième jeune femme qui court en contrebas (pas de différence de génération, ni de sexe, pas d'immaturité fonctionnelle).

Latent : Renvoie à une situation de rivalité féminine dans un contexte dramatisé. Le conflit doit se nouer autour de la rivalité féminine accentuée au niveau du matériel par la ressemblance entre les deux femmes et le fait que l'une semble surveiller la fuite de l'autre.

Planche 10 :

Manifeste : Un couple qui se tient embrassé (seuls les visages sont représentés ; le contraste blanc et noir est accentué).

Latent : Renvoie à l'expression libidinale au niveau du couple. L'image est suffisamment peu nette pour qu'il puisse y avoir différentes interprétations quant au sexe et à l'âge des deux personnages.
La fantaisie doit également tenir compte du halo dramatique objectivé par le contraste blanc-noir.

Planche 11 :

Manifeste : Paysage chaotique avec de vifs contrastes d'ombres et de clarté, en à-pic (détail à gauche style dragon ou serpent).

Latent : Réactivation d'une problématique prégénitale. Quelques éléments plus structurés (pont, route...) peuvent permettre la remontée vers un niveau moins archaïque (régression possible ou pas).

Planche 13MF :

Manifeste : Une femme couchée, la poitrine dénudée, et un homme au premier plan le bras devant le visage.

Latent : Renvoie à l'expression de la sexualité et de l'agressivité dans le couple.

Planche 13B :

Manifeste : Un petit garçon assis sur le seuil d'une cabane aux planches disjointes (contraste lumière à l'extérieur et intérieur très noir).

Latent : Renvoie à la capacité à être seul, l'accent portant ici sur l'immaturité fonctionnelle (image d'un enfant) et sur la précarité du refuge maternel symbolisé par la cabane (capacité de fantasmer l'objet absent).

Planche 19 :

Manifeste : Image « surréaliste » de maison sous la neige ou de bateau dans la tempête avec fantômes, vagues...

Latent : Réactivation d'une problématique prégénitale. Le stimulus peut évoquer un contenant et un environnement permettant la projection du bon et du mauvais objet.
La planche pousse à la régression et à l'évocation de fantasmes phobogènes.

Planche 16 :

Manifeste : « Carte blanche » pour le sujet.

Latent : Renvoie à la manière dont le sujet structure ses objets privilégiés et aux relations qu'il établit avec eux (niveau auquel il se place ; poids et impact des procédés défensifs).
En l'absence d'un support imagé, les éléments transférentiels peuvent y devenir prégnants.

THÉORIE INTERPRÉTATIVE

La situation-T.A.T., une situation de conflit

Sans doute la valeur du modèle interprétatif de V. Shentoub réside-t-elle dans sa remarquable cohérence : comme nous l'avons vu, consigne, examinateur, matériel peuvent être compris comme porteurs de conflit. La théorie du processus qui sous-tend la passation du T.A.T. a à rendre compte de ce conflit.

Conflit entre deux mouvements, la pression pulsionnelle, dont l'expression fantasmatique est ravivée par la présentation de la planche, et la sollicitation de « la représentation-but » évoquée par la consigne : organiser un récit qui entre en résonance avec les affects et les représentations de nouveau mis en mouvement, mais qui respecte les nécessités de la communication et les lois du langage. La référence à la structure fantasmatique œdipienne, mode le plus « économique » et le plus « efficace » d'organiser cette conflictualisation proprement humaine, ne peut en sortir que raffermie.

Ce conflit, nous l'avons vu, peut apparaître comme l'appel contradictoire au laisser-aller et au contrôle dans la production du texte raconté, et comme la sollicitation opposée du contenu manifeste et du contenu latent de la planche dans le temps perceptif. La référence théorique pertinente est empruntée à la métapsychologie freudienne, décrivant le fonctionnement psychique selon les deux modes antagonistes et complémentaires du processus primaire et du processus secondaire (Freud, 1900).

Comme on le sait, le *processus primaire* connote un investissement de l'énergie pulsionnelle en grande quantité (fonctionnement en tout ou rien), qui vise sa décharge immédiate et le retour à l'état de moindre tension préalable. Cette énergie, dite libre, passe d'une représentation à une autre selon le mode que Freud a mis en évidence en découvrant le « rationnel » du rêve : la condensation et le déplacement. Les représentations ainsi réinvesties sont « hallucinées », quelle que soit leur existence ou leur non-existence dans la réalité externe. Représentations de choses, elles sont constitutives de l'activité désirante. Le processus primaire est postulé comme génétiquement premier et caractérise ensuite définitivement l'activité de l'inconscient. Il n'apparaît dans la vie consciente habituelle que sporadiquement, particulièrement dans le rêve et sans doute dans le passage à l'acte. Dès qu'il « s'exprime » à travers le langage, *il ne peut* qu'apparaître mêlé aux processus secondaires, les infiltrant de moments où, émergeant brutalement, il fait capoter leur logique, comme dans le délire, le rêve, l'acte manqué. L'enrichissant parfois aussi de formes de pensée originales, mais tout à fait partageables et riches en communication, comme en témoigne l'écriture poétique, le mot d'esprit, la parole infantile...

Le processus secondaire se greffe sur cette réalisation primaire du désir, qui n'obéit qu'au principe de plaisir. L'appareil psychique, devenu capable de retenir quelque moment cette exigence de décharge, de supporter la tension et le déplaisir que cette rétention comporte, inhibe l'investissement hallucinatoire de la représentation fantasmée. L'énergie ainsi « liée » est pour une part utilisée « à des expériences mentales qui mettent à l'épreuve les différentes voies de satisfaction » (Laplanche et Pontalis, 1967, p. 341). L'appareil psychique recherche désormais l'identité de pensée autant et plus que l'identité de perception ; la recherche de cette identité de pensée est rendue possible grâce à l'investissement, dans le même moment, de représentations de choses (le vu, l'image, etc.) liées au processus primaire et d'autres traces mnésiques, les traces acoustiques (l'entendu, les restes verbaux) que sont primitivement « les représentations de mots ».

Celles-ci obéissent à une logique de discrimination selon des paires contrastées (le paradigmatique) entre autres, qui va s'imposer comme ordonnant le langage, mais aussi le monde et la place du sujet, place repérable quant à la différence des sexes et quant à la différence de générations. On ne peut à la fois dans une même structure familiale se dire le père et le fils, se dire homme et femme... La fantasmatique œdipienne, dans le cas de l'organisation névrotique, propose au sujet de « jouer » des différentes déformations fantasmatiques comme de l'ambisémie du langage en continuant à respecter la logique qui l'ordonne (« je sais bien, mais quand même »)[1]. Le sujet pourra se laisser aliéner dans ce jeu, ou dans la défense contre la trop forte angoisse qu'il suscite. Ou il en profitera dans son for interne, disposant d'une partie de ses investissements pour chercher des analogon aux objets de son désir dans la réalité externe. Dans le moment psychotique, par contre, jouer n'est plus possible, ni faire mine. L'ordonnancement vacille, faute d'une référence sûre, d'une loi, et le délire pourra apparaître comme un ordre-prothèse...

Si nous nous sommes attardée sur ces deux notions de processus primaire et secondaire, c'est qu'elles servent de clef de voûte conceptuelle à l'interprétation du T.A.T. selon la méthode de V. Shentoub. L'appréciation de la qualité de l'oscillation du processus primaire au processus

---

1. O. Mannoni.

secondaire dans la construction de l'histoire permet la compréhension de la manière dont le sujet vit la stimulation par la planche, sans en être débordé. Le T.A.T. devient un instrument apte à rendre compte du fonctionnement de l'individu dans ses fluctuations, à travers leur succession temporelle, comme dans leur amplitude. Apte à témoigner aussi de la possibilité du sujet à tolérer l'angoisse et le déplaisir ou de sa difficulté à y faire face, et de l'affect qui exprime son mouvement. On sait que les charges affectives fonctionnent en grande quantité dans le processus primaire en termes de plaisir/déplaisir, et d'amour/haine (cf. le moi plaisir purifié, Freud, 1915 *b*) et qu'elles ne prennent de « qualité » que liées aux représentations de mots, et donc après qu'elles aient été tamisées et prises en charge par le langage et les processus de pensée. Tout ceci devant être rapporté, ici et maintenant, aux stimulations fantasmatiques des différentes planches.

Cette capacité de saisir un vivre, *dans le mouvement même qui le constitue,* permet au psychologue utilisant le T.A.T., comme le Rorschach d'ailleurs, d'éviter une attitude heuristique classificatoire et fixiste.

Le processus T.A.T.

Vica Shentoub décrit dans cette optique le processus d'élaboration de l'histoire à travers des « temps successifs » :

Le premier temps est lié à la perception du contenu manifeste que V. Shentoub dissocie du mouvement passif que le contenu latent de la planche induit chez le sujet (mouvement de « régression » et investissement des représentations inconscientes et des affects, écho individuel à la stimulation de la planche).

Nous pensons, pour notre part, que ces deux temps ne peuvent être séparés. L'exigence de fidélité à ce qui se donne comme réel externe, le contenu manifeste de la planche (la « représentation-but » consciente, selon la terminologie de V. Shentoub empruntée à Freud), et la fantasmatique interne sont investies dans le même temps. La perception elle-même est sélective ; le sujet ne donne valeur d'objet à percevoir qu'à ce qui, de près ou de loin, a rapport avec son désir. Aussi ce temps perceptif et ses originalités doivent-ils, à notre avis, donner matière à interprétation.

« Ce complexe représentations/affects, par définition inorganisé comme tout ce qui ressort aux processus primaires, sera ou ne sera pas saisi, au niveau Pcs/Cs, pour être symbolisé au moyen du langage. En termes de deuxième topique, le Moi prendra ou non ces motions en charge, selon ses possibilités d'intégration des traces mnésiques réactivées, de défense (dont les modalités sont particulières) et de ses buts conscients (raconter une « histoire » en rapport avec le contenu manifeste) (Shentoub, Rausch, 1982, p. 4).

Ce jeu entre le courant du désir et la canalisation défensive hautement individuelle, que lui imprime le Moi, se repère classiquement *à travers les procédés défensifs* qui donnent forme à l'histoire. Il peut être évoqué, grâce au modèle de la deuxième topique freudienne, en termes de tension entre le Ça/Surmoi et le Moi. En termes de première topique, l'importance du préconscient permet de rendre compte de la liaison avec les représentations de mots [1].

Mais l'accent est surtout mis, dans ce *deuxième temps,* sur les capacités du Moi à canaliser la source pulsionnelle et à en intégrer le mouvement de vie. Cette centration sur l'activité moïque a pu apparaître à certains comme un deuxième niveau méthodologique d'interprétation : il tendrait à évaluer les qualités du Moi dans son travail de liaison du pulsionnel, les modalités de son travail défensif et ses capacités de dégagement. L'outil interprétatif de la fiche de dépouillement témoigne assez bien, du moins pour ses premières parties, de cette attitude. V. Shentoub le précise elle-même :

> « Les protocoles sont analysés à l'aide d'une fiche de dépouillement destinée à rendre compte des modes particuliers de fonctionnement mental, et à contribuer éventuellement à la formulation d'un diagnostic différentiel » (*ibid.,* p. 4).

La force de la représentation-but consciente est repérée comme un élément important de la situation. Le psychologue ne peut pas oublier, en effet, que les conditions de l'examen influencent le protocole. L'interprétation a à tenir compte de la motivation positive du sujet, ou de son opposition, même et plus encore si le client du psychologue doit cacher son désaccord. La notion de représentation-but consciente permet de ne pas négliger le poids économique des attitudes profondes du sujet à l'égard du test.

Le troisième temps, enfin, « temps créatif », s'incarne dans l'histoire elle-même, sous le sceau de l'élaboration secondaire : fidèle à la pression pulsionnelle qu'elle doit décharger, elle y empruntera sa richesse, ou elle devra sa pauvreté au refus du Moi de prendre en charge la pulsion. Dans cette mesure elle traduira au mieux la capacité du sujet à se

1. Des travaux comme ceux de R. Debray (1978, 1983), à travers la lecture psychosomatique, permettent de situer de manière très pertinente le repérage de la valeur fonctionnelle du préconscient.

servir de ses potentialités, ou au contraire ses inhibitions et ses restrictions, ses recours au conformisme et à la banalisation et l'évitement de la source interne de son mouvement pulsionnel trop chargé d'angoisse.

Elle le traduira de manière changeante, selon que la stimulation de la planche appelle une surcharge d'investissement sur telle ou telle des modulations fantasmatiques de l'Œdipe. Certains modes apparaîtront tout au long du protocole préférentiellement utilisés, d'autres ne seront suscités que par certaines fantasmatiques. Le psychologue en suivra l'évolution.

L'histoire, en effet, pourra être interprétée comme marquée par la succession de mouvements différents ou au contraire apparaître formée d'une seule séquence : le mode défensif y reste le même, ainsi que la fantasmatique, et la fin de l'histoire, déchargeant la pression pulsionnelle ou la maintenant désespérément endiguée, répond à l'exigence interne de son début.

Le protocole doit, lui aussi, être entendu dans son ensemble. Sa dynamique temporelle est un élément d'interprétation important. Telle histoire, à telle ou telle planche, reprend le mouvement pulsionnel précédent, resté sans issue satisfaisante, et lui donne cette fois, grâce à l'ajout de la stimulation nouvelle, une élaboration « dégageante ». *A contrario,* le psychologue notera la « persévération » massive d'une thématique qui se répète, quel que soit le contenu manifeste et sans en tenir compte. Mais aussi, et c'est ce qui serait attendu, le sujet ayant « créé » une histoire sensible à la source pulsionnelle et lui ayant donné une issue, sans angoisse excessive ni défense paralysante, se trouve « libre » en abordant la planche suivante, et se laisse souplement porter par les stimulations successives.

L'instrument rendra en outre l'interprétant sensible aux mouvements dont le sujet peut se servir, à ceux qui l'amènent à être créatif ou à trouver de nouvelles combinaisons ou solutions de compromis, comme aux fantasmatiques qui entraînent pour lui retrait, inhibition, sidération, *acting-out*... La compréhension positive du fonctionnement de son partenaire de la situation de test n'est pas le moindre intérêt du T.A.T., comme du Rorschach.

La situation-T.A.T., analogon des situations de la vie

Mouvement perceptif, tension grosse du mouvement vital, expression créative, ces constituants du mouvement-T.A.T. peuvent, on vient de le voir, être exprimés en référence aux modèles topiques et dynamiques freudiens. V. Shentoub en propose de même la lecture économique suivante.

On sait que le travail de la pensée ne peut s'exercer que lorsque l'investissement fantasmatique est suffisamment retenu pour que sa difraction en petites quantités énergétiques devienne possible. Le déplaisir de la tension est alors — au moins temporairement — supporté par l'appareil psychique. Habituellement, cette « inhibition » est possible au sujet. La pression fantasmatique infiltre et nourrit une histoire, communicable au psychologue, qui obéit aux lois de l'élaboration secondaire, sans être abrasée par elle.

Chez certains sujets, l'intensification des mécanismes de défense du Moi, liée à un investissement du fantasme trop massif pour ses capacités du moment, peut faire piétiner le texte dans un aller et retour entre le désir et la défense, ou dans l'expression de désirs contradictoires.

Plus marquée encore, cette intensification donne lieu à des histoires où l'exigence pulsionnelle ne peut qu'être inférée, en raison d'une défense qui envahit la totalité de l'histoire, effort désespéré pour ne pas dire.

Pour d'autres sujets, c'est le recours à la banalisation, à la restriction, c'est la production d'histoires conformes au bon sens, aux clichés socioculturels, qui permettent de répondre à l'exigence de la consigne et du psychologue ; rien d'ordre pulsionnel, pour eux trop angoissant, n'y peut apparaître. Le protocole est pauvre, on n'y sent aucun plaisir. Le mouvement peut aller jusqu'à la sidération, au « refus » de répondre. Il est nécessaire d'être ici attentif à la charge énergétique alors sous-jacente qui bloque la situation dans l'angoisse[1].

Bien souvent, et tout cela peut se repérer à un moment ou à un autre dans un protocole qu'on dit « normatif », la pression fantasmatique trop intense fait basculer l'élaboration secondaire et la « lisibilité » du texte, sa rondeur. L'histoire est « trouée » par l'émergence d'un morceau de discours en processus primaire, illogique, « cru ». Il importera avant tout de repérer la capacité du sujet à « remonter » de ce moment de

1. C'est peut-être ici la seule indication d'intervention de la part du psychologue. Par une phrase la plus neutre possible, il banalise le refus. Cette aide contra-phobique suffit souvent à dédramatiser la situation et à faire cesser la paralysie du sujet qui ne pouvait même pas se dessaisir de la planche avant d'avoir répondu à une exigence dépassant en fait ses possibilités du moment.

régression formelle[1]. Ceux-ci *doivent* apparaître en petites quantités dans tout protocole, témoignant de la capacité du sujet et à régresser sous la pression du fantasme et à réagir à cette régression en récupérant un fonctionnement secondaire souple. Certaines personnes ne peuvent y réussir, leurs histoires, fortement « mitées » par ces émergences, basculent dans l'illogique, le non-partageable. Cette désorganisation de l'histoire est à entendre comme débordement des forces du Moi dans son travail de liaison, sous l'effet de forces pulsionnelles trop massives. Celles-ci échappent au travail du préconscient et disqualifient l'emprise du langage. Apparaît ici une faille dans le refoulement, ce refoulement tout à l'heure, par contre, trop exigeant.

Autre possibilité, la stimulation de la planche fait naître dans le sujet une pression pulsionnelle qui ne trouve issue dans aucune élaboration fantasmatique. On peut parler dans ces conditions de situation pré-traumatique. L'appareil psychique tentera de réagir à cette situation dangereuse. Nous verrons alors l'investissement de la situation de test s'effondrer, des agirs répondre à la nécessité du moment, une agressivité vis-à-vis de l'examinateur, parfois des conduites étonnantes. Par exemple, celle de cet homme, consultant pour un bien banal malaise qu'il appelait « mal du pays » (il ne s'habituait pas à la vie de Paris), qui, à la planche 10 (où, l'on s'en souvient, le contraste noir/blanc, ombre/lumière, fait partie de la situation stimulante), se lève brusquement et va ouvrir l'interrupteur de la lumière électrique, alors que la pièce était fortement éclairée. Nous pensons, pour notre part, que ces réactions, parfois très surprenantes, parfois difficiles à supporter (les attaques hostiles, par exemple, ou certaines invites séductrices), doivent être reçues avec beaucoup d'attention dans l'*hic et nunc* de la situation : elles témoignent ici d'un dernier combat avant d'être débordé et de la seule issue possible devant une angoisse insupportable. En ceci, elles ont à être interprétées comme positives ; elles témoignent d'un travail psychique qui, pour être désordonné, peu mentalisé et disruptif par rapport à la relation au monde et à autrui, n'en est pas moins économiquement efficace pour le sujet.

V. Shentoub a proposé la notion de « bonne distance » pour évoquer cette possibilité du sujet en test de se situer dans le courant de sa fantasmatique, et de s'en servir pour alimenter le texte de sa réponse à chaque

1. « Régression formelle », disons-nous. La notion de régression temporelle nous paraît d'un emploi discutable. Elle entraîne trop facilement le lecteur d'un protocole de test à se laisser abuser par l'élaboration après coup d'une histoire dite régressive. Il s'agit là, bien souvent, du produit sophistiqué d'une défense pulsionnelle qui se donne des formulations régressives pour mieux satisfaire, sous une forme de compromis — bien banal dans la névrose — l'exigence du désir œdipien.

planche, tout en restant fidèle aux exigences de l'élaboration secondaire et du principe de réalité :

> « La mise en scène d'un conflit [...] ne devient significative de conflits non intégrés, perturbant le sujet, que si le récit se trouve lui-même perturbé, voire désorganisé par l'impact du fantasme et des défenses. Si, au contraire, un tel matériau est pris dans le réseau d'une « distance » qui permet une bonne secondarisation, voire même la création d'une petite œuvre originale, où les fantasmes et la réalité de la planche se conjuguent, alors nous sommes en présence d'une maîtrise qui atteste non pas de l'existence chez le sujet d'une problématique perturbante, mais, bien au contraire, de son intégration satisfaisante » (Shentoub, Rausch, 1982, p. 6).

MÉTHODOLOGIE INTERPRÉTATIVE. LA FEUILLE DE DÉPOUILLEMENT

Les procédés d'élaboration de l'histoire

D'emblée, Vica Shentoub avait été sensible à la nécessité de mettre au point un instrument interprétatif qui puisse servir de référence au psychologue dans son effort pour rendre compte de *la forme* donnée au texte du récit, puisque seule celle-ci permet de rendre compte du fonctionnement de chaque individu dans son originalité.

La feuille de dépouillement qu'elle propose est cohérente à sa théorisation : elle met en évidence des modes de construction de l'histoire qui permettent de répondre à la fois à la poussée du désir et à sa prise en charge dans un discours répondant aux exigences de la secondarisation, c'est-à-dire dans un récit communicable, lisible. Grâce à ces procédés, le conflit qu'a réactivé la présentation de la planche trouve résolution. Cette feuille de dépouillement « [...] permet l'appréciation des procédés du discours utilisés par le sujet pour la construction des histoires successives, *les procédés correspondant aux différents modes de fonctionnement correspondant aux registres réputés normaux, névrotiques et psychotiques,* auxquels nous avons ajouté récemment des modalités qui échappent aux critères classiques et qui peuvent rendre compte des organisations qui diffèrent des névroses et des psychoses mentales et correspondent au large cadre des “ états limites ” » (Shentoub, Rausch, 1982, p. 5).

Remarquons ici le postulat sous-jacent : les procédés de construction du récit sont l'analogon des mécanismes de défense repérables dans la conduite humaine, et tendant à la régulation du conflit pulsionnel.

Nous proposons ici le modèle actuel de cette grille[1]. Son utilisation clinique la rend susceptible d'être ultérieurement modifiée et enrichie, surtout pour les parties dites C et E, en raison des recherches actuelles dans le champ de la psychose et des fonctionnements limites.

Elle répertorie d'abord les modes de construction de *récits conflictualisés,* mettant en scène pulsion et défense : champ des mécanismes « contrôle » (A) et « labilité » (B).

Elle rassemble ensuite les facteurs de la série C qui concourent à l'élaboration d'*histoires a-conflictuelles.* Le pulsionnel y est évité dans un mouvement d'inhibition, de restriction, de conformisation abrasive : nuance inhibition (Cp). Ou bien le récit traduit l'investissement de fantasmatiques dont l'expression est essentiellement non conflictuelle : nuances Cf, Cn, Cm[2].

Elle propose enfin un catalogue — non exhaustif et que nous pensons pour notre part insuffisamment discriminatif — d'*émergences du processus primaire* (E).

S'y ajoute un listing — tout aussi ouvert — des manières dont le sujet échappe à la solution économique qui lui est proposée, à savoir construire une histoire. Celles-ci ont pour caractère commun de décharger la tension devenue pour lui intolérable, dans une sorte de court-circuit, par des agirs externes à la situation, ou internes à la relation de test (D).

---

1. Modèle issu de l'expérience du Groupe de recherche en psychologie projective de l'U.E.R. Institut de Psychologie de l'université René-Descartes, Paris V[e] — 28, rue Serpente 75006 Paris.
2. Cp = procédés de discours analogon des mécanismes de fonctionnement phobique.
   Cn = procédés de discours analogon des mécanismes de fonctionnement narcissique.
   Cm = procédés de discours analogon des mécanismes de fonctionnement maniaque (antidépressif).
   Cf = procédés de discours analogon des mécanismes de fonctionnement de type factuel.

Feuille de dépouillement du T.A.T.[1]

— Nom :

— Date de l'examen : — Age :

— Profession :

— Niveau scolaire et socio-culturel :

Facteurs de la série A (Rigidité)

(A.0 : Conflictualisation intra-personnelle)

A.1 — 1 — Histoire construite proche du thème banal.
2 — Recours à des références littéraires, culturelles, au rêve.
3 — Intégration des références sociales et du sens commun.

A.2 — 1 — Description détaillée avec accrochage aux Dd Ban (ou plus rarement évoqués, y compris expressions et postures).
2 — Justification des interprétations par ces Dd.
3 — Précautions verbales.
4 — Éloignement temporo-spatial.
5 — Précisions chiffrées.
6 — Hésitations entre interprétations différentes.
7 — Aller et retour entre l'expression de l'agressivité et de la défense.
8 — Remâchage, rumination.
9 — Annulation.
10 — Éléments de type formation réactionnelle (propreté, ordre, aide, devoir, économie, etc.).
11 — Dénégation.
12 — Insistance sur le fictif.
13 — Intellectualisation (abstraction, symbolisation, titre donné à l'histoire en rapport avec le contenu manifeste).
14 — Changement brusque de direction dans le cours de l'histoire (accompagné ou non de pause dans le discours).
15 — Isolement des éléments ou des personnages.
16 — Dd évoqué et non intégré.
17 — Accent porté sur les conflits intra-personnels.
18 — Affects exprimés a minima.

---

1. Document de travail propre à l'enseignement du T.A.T. assuré à l'U.E.R. Institut de Psychologie de Paris V^e, et appelé à d'éventuels remaniements.

Facteurs de la série B (Labilité)

(B.0 : Conflictualisation inter-personnelle)

B.1 —
1 — Histoire construire autour d'une fantaisie personnelle.
2 — Introduction de personnages non figurant sur l'image.
3 — Identifications souples et diffusées.
4 — Expression verbalisée d'affects nuancés, modulés par le stimulus.

B.2 —
1 — Entrée directe dans l'expression.
2 — Histoire à rebondissements. Fabulation loin de l'image.
3 — Accent porté sur les relations inter-personnelles. Récit en dialogue.
4 — Expression verbalisée d'affects forts ou exagérés.
5 — Goût du drame. Théâtralisme.
6 — Représentations contrastées, alternance entre des états émotionnels opposés.
7 — Aller et retour entre des désirs contradictoires. Fin à valeur de réalisation magique du désir.
8 — Exclamations, digressions, commentaires, appréciations personnelles.
9 — Érotisation des relations, prégnance de la thématique sexuelle et/ou symbolisme transparent.
10 — Attachement aux Dd narcissiques (valence positive ou négative).
11 — Instabilité dans les identifications. Hésitation sur le sexe des personnages.
12 — Accent porté sur une thématique du style : aller; courir, dire, fuir, etc.
13 — Présence de thèmes de peur, de catastrophe, de vertige, etc., dans un contexte dramatisé.

Facteurs de la série C (Inhibition)

/P/
1 — Temps de latence initial long et/ou silences importants intra-récit.
2 — Tendance générale à la restriction.
3 — Anonymat des personnages.
4 — Conflits non exprimés. Motifs non précisés.
5 — Récits banalisés à outrance, impersonnels. Placages.
6 — Nécessité de poser des questions. Tendance refus. Refus.
7 — Évocation d'éléments anxiogènes suivis ou précédés d'arrêts dans le discours.

/F/
1 — Accrochage au contenu manifeste.
2 — Accent porté sur le quotidien, le factuel, l'actuel, le concret.
3 — Accent porté sur le faire.
4 — Appel à des normes extérieures.
5 — Affects de circonstance.

/N/[1]
1 — Accent porté sur l'éprouvé subjectif (non relationnel).
2 — Références personnelles ou autobiographiques.
3 — Affect titre.
4 — Posture signifiante d'affects.
5 — Accent mis sur les qualités sensorielles.
6 — Insistance sur le repérage des limites et des contours.
7 — Relations spéculaires.
8 — Mise en tableau.

/M/[1]
1 — Accent porté sur une thématique de perte, de support, d'étayage.
2 — Idéalisation de l'objet (valence positive ou négative).
3 — Pirouettes, virevoltes.

Facteurs de la série D (Comportement)

D. —
1 — Agitation motrice. Mimiques et/ou expressions corporelles.
2 — Demandes faites à l'examinateur.
3 — Critiques du matériel et/ou de la situation.
4 — Ironie, dérision.
5 — Clin d'œil à l'examinateur.

Facteurs de la série E (Émergence en processus primaire)

E. —
1 — Perception de Dd rares ou bizarres.
2 — Justifications arbitraires à partir de ces Dd.
3 — Fausses perceptions.
4 — Perception d'objets morcelés (et/ou d'objets détériorés ou de personnages malades, malformés).
5 — Perceptions sensorielles.
6 — Scotomes d'objets manifestes.
7 — Confusion des identités (« télescopage des rôles).
8 — Instabilité des objets.
9 — Désorganisation des séquences temporelles.
10 — Persévération.
11 — Inadéquation du thème au stimulus : ⇄ Fabulation hors image. / Abstraction, symbolisme hermétique.
12 — Expressions « crues » liées à une thématique sexuelle ou agressive.
13 — Expression d'affects et/ou de représentation massifs liés à n'importe quelle problématique (dont l'incapacité, le dénuement, la réussite mégalomaniaque, la peur, la mort, la destruction, la persécution, etc.).

---

1. Cf. description de ces procédés, pages 91 et suivantes.

14 — Craquées verbales (troubles de la syntaxe).
15 — Vague, indétermination, flou du discours.
16 — Associations par consonnance ou contiguïté, « coq-à-l'âne ».
17 — Associations courtes.
18 — Projection.
19 — Perception du mauvais objet.
20 — Recherche arbitraire de l'intentionalité de l'image et/ou des Physionomies ou attitudes.
21 — Clivage de l'objet.

1° *Procédés présents*

— A........
— B........
— C ph..... C f............ C n............ C m...........
— D........
— E........

2° *Évaluation des modalités de fonctionnement mental*

Type 1 (Lisibilité +)

- Procédés souples et varies (« mixés »).
- Présence des facteurs A1 - B1.
- Affects nuancés.
- Histoires structurées.
- Résonance fantasmatique.

Type 2 (Lisibilité ±)

- Prédominance des facteurs A2
  et/ou B2
  et/ou C
  et/ou D
- Production altérée par les mécanismes mis en œuvre, permettant un dégagement partiel (impact fantasmatique sous-jacent).

Type 3 (Lisibilité — ou ±)

- Prédominance des facteurs E
  et C
  et D
- Défenses massives, affects massifs (envahissement par les fantasmes sous-jacents).

3° *Hypothèse concernant l'organisation structurale*

(Prendre en compte les éléments différentiels suivants : nature du conflit, nature de l'angoisse, type de relation d'objet dominant, stades de fixations-régressions dominants, modalités défensives dominantes.)

Le rapprochement des mécanismes « contrôle » (A) avec le champ névrotique obsessionnel, celui des procédés « labiles » (B) avec le champ hystérique, l'affinité des modes « inhibition » (C) avec la sidération-fascination et les mouvements d'évitement de la phobie ne semblent guère nécessiter plus ample explication, si l'on accepte le postulat de départ de V. Shentoub, à savoir la correspondance entre les registres de fonctionnement que permet d'isoler une psychopathologie d'inspiration psychanalytique et les procédés d'organisation du récit T.A.T.

Les procédés qui relèvent de la deuxième partie de la feuille de dépouillement (Cf, Cn, Cm) ont été empiriquement repérés à partir de son utilisation clinique. R. Debray (1978, 1983) a, la première, attiré l'attention des cliniciens sur un mode particulier de construction de l'histoire. Celle-ci apparaît sans épaisseur fantasmatique, comme amincie. Les procédés Cp y prennent beaucoup d'importance sans que soit repérable la nuance de sidération/fascination habituelle. Avant tout ils banalisent l'expression. Des procédés (cotés en Cf) concourent à l'énonciation d'histoires ou de morceaux d'histoires « socialisés », plaqués, où la défense par la réalité, par le recours au concret du matériel vient étouffer ou éteindre l'expression de conflits inconscients. Cet ensemble « troue » le protocole-T.A.T., éventuellement le constitue dans son entier, et signe la faillite de l'élaboration fantasmatique, insuffisamment stable et solide pour garantir l'équilibre psychosomatique.

La même remarque était faite par nous-même, à propos de personnalités à difficultés narcissiques graves (Brelet, 1981, 1983) aboutissant à la mise en évidence d'un style (Cn, Cm) particulier à l'expression de certaines fantasmatiques. Ceci nous semble aujourd'hui nécessiter une réévaluation théorique et méthodologique du T.A.T. qui fera l'objet des seconde et troisième parties du présent ouvrage. Nous ne nous y attarderons donc pas plus longtemps.

Il faut, en outre, prendre note de l'insistance de V. Shentoub et de R. Debray, au long du travail de recherche qui a contribué à l'élaboration de cette fiche depuis une quinzaine d'années, pour que le vocabulaire utilisé à la nomination de chaque item soit différent de celui des mécanismes de défense qui en sont proches. La correspondance ne peut en effet être maintenue terme à terme : les modes de construction répondent à des processus de pensée et de discours permettant l'organisation d'un récit cohérent, se déroulant dans le temps, en fonction d'un certain espace ; les mécanismes de défense répondent dans l'instant et de manière stéréotypée au mouvement du désir.

Il nous semble quant à nous qu'il y a là un choix méthodologique interprétatif efficace, pertinent à la clinique et à l'échange pluridisciplinaire, particulièrement avec la psychiatrie. La correspondance que postule V. Shentoub — les procédés d'organisation du discours comme analogon du mode de fonctionnement mental du sujet[1] — mériterait cependant une analyse théorique qui en précise les conditions. Le passage, facilement repérable dans les textes de V. Shentoub, de procédés du discours à mécanismes de défense, dans une quasi synonymie, pourrait être alors justifié.

La lisibilité

Critère d'interprétation plus clinique, l'appréciation de la lisibilité vient compléter l'analyse que permet la feuille de dépouillement : la lisibilité rend compte, pour chaque histoire, de sa capacité à être partagée, de sa cohérence et de son mouvement. De sa « rondeur », dira-t-on souvent, évoquant ainsi qu'elle se développe dans le temps, sans à-coups et sans piétinement, que les redondances y sont minimes. Dit en termes plus techniques, les procédés utilisés pour construire le récit le développent et l'aident à répondre à la consigne : « une histoire ». Ce qui implique un début, une fin et le développement d'une action, en admettant ce terme dans son acception la plus large. Si ces procédés tendent plus à contenir, ou même refuser l'expression de la pression fantasmatique, on conçoit facilement que la lisibilité en sera gênée, diminuée, voire totalement mise en cause. Plus ou moins bonne, elle témoigne donc de la capacité du sujet à faire face, dans l'*hic et nunc* de la présentation de la planche, aux exigences pulsionnelles internes, et à les utiliser pour les décharger dans la seule issue proposée, la création d'une « mini-œuvre ».

> « (La lisibilité) est synonyme d'un travail de liaison harmonieux entre les structures conscientes et inconscientes, donc d'une organisation mentale riche et normative, lorsque :
> — les histoires sont structurées (secondarisation satisfaisante),
> — les mécanismes de défense mis en œuvre sont présents sur un mode souple et varié, et suffisamment étayés pour participer à l'élaboration du récit,
> — les affects liés aux représentations apparaissent modulés en fonction des variations du stimulus,
> — il existe une résonance fantasmatique en rapport avec le contenu latent de l'image. » (Shentoub, Rausch, 1982, p. 5.)

1. *Supra*, page 31.

Chacune de ces conditions, si elle est manquante, altère la lisibilité de l'histoire ou celle du protocole dans son ensemble. Cela est clair, lorsque l'élaboration secondaire est mise en défaut de manière massive. Mais le psychologue est peut-être moins facilement attentif à la nécessité, pour que l'histoire ait une bonne lisibilité, que puisse y être ressentie une résonance fantasmatique à la stimulation de la planche. Les histoires banalisées, conformisées, doivent être entendues comme des histoires appauvries, à lisibilité médiocre. Entre les deux extrêmes de ce continuum, le psychologue a à apprécier le poids des mécanismes de défense mis en œuvre et les charges de l'affect (plus ou moins tamisées, plus ou moins massives).

Son appréciation doit, en outre, tenir compte de la dynamique entre ces différents éléments. C'est d'elle que témoigne l'histoire : à affect fort et résonance fantasmatique enrichissante peuvent correspondre procédés souples et plutôt dégageants, d'allure diverse, quoique très perceptibles. Une élaboration secondaire créative se saisit immédiatement de toute discrète émergence en processus primaire. Elle permet que la pression fantasmatique, qui ferait « capoter » l'effort de maîtrise d'un certain nombre de sujets, soit pour d'autres à l'origine d'histoires de lisibilité particulièrement bonne. On peut se référer sur ce point, sans aucun doute très important dans la compréhension de la créativité, à l'article de V. Shentoub et R. Debray de 1980 : « Que faire d'une excessive richesse fantasmatique ? »

L'attention aux contenus

Il nous faut insister de nouveau ici sur le fait que V. Shentoub, ainsi que ses collaborateurs, reste très méfiante quant à l'attention à porter à la problématique mise en scène par le sujet. Dans son dernier article, publié en 1982, elle confirme avec force les positions qui avaient été à l'origine même de ses recherches : si les thématiques de l'histoire peuvent être prises en compte à travers l'appréciation « de la nature du conflit, de la nature de l'angoisse et du type de relation d'objet [...] tout ce qui concerne la problématique singulière du sujet n'est guère considéré dans l'élaboration de l'hypothèse [concernant l'organisation structurale) ».

> « La problématique mise en scène par le sujet [ajoute-t-elle en note] est discutée à l'occasion de l'analyse de chacune des planches. On cherche à savoir avant tout si le sujet est parvenu à symboliser à sa manière le contenu latent de l'image, et dans le cas contraire par quel type et quel

niveau de problématique il l'a remplacé. On analyse en somme le contenu latent du récit. »

Et cela, pour conclure qu'en fait « la problématique, ou ce qui nous importe davantage, *le niveau de problématique du sujet apparaît,* en dernière analyse, *à travers le niveau et les modalités de son fonctionnement mental*[1] ».

Si nous avons voulu citer textuellement ici V. Shentoub, c'est qu'il nous semble qu'il y a une réticence majeure des psychologues à se soumettre à cette prudence, *pourtant condition indispensable* de toute interprétation du T.A.T. selon le modèle de V. Shentoub. La fascination qu'exercent les contenus fantasmatiques inconscients du sujet en test sur l'inconscient du psychologue[2] est extrêmement prégnante. Il a, comme son partenaire dans la situation-T.A.T., à « canaliser » l'intensité de ce mouvement pulsionnel. La discipline d'une interprétation formelle est l'équivalent, pour lui, de l'exigence d'élaboration secondaire réclamée de son client, alors que la « pente » naturelle de son mouvement le porterait à jouir immédiatement de ce qui se donne à lui comme expression de l'inconscient de son partenaire, en utilisant la même canalisation défensive, sans la reconnaître. Ou en s'appuyant sur ses propres défenses prises comme normes de fonctionnement (!).

Ce fut le fondement d'une critique fréquemment entendue de la part de psychologues ou de psychiatres affrontés à une telle position interprétative : ce que *l'interprétation thématique* permet de comprendre du fonctionnement de l'individu est, dans le meilleur des cas, banalité. Le plus souvent elle amène le psychologue, à partir des problématiques universelles évoquées, à donner poids et valeur aux expressions du sujet suivant les normes qui sont les siennes et ses réactions moïques. L'interprétation devient dans ce contexte inutile, erronée ou abus de pouvoir. Le Rorschach, à travers l'exigence de ses cotations et la richesse méthodologique d'une interprétation entièrement disciplinée par la symbolisation des réponses, échappe à cette tentation. Ce fut sans doute la faiblesse du T.A.T. de prêter à utilisation discutable, point de butée historiquement situable, et qui réapparaît répétitivement. La richesse de l'apport de V. Shentoub à la psychologie projective est justement liée au dépassement de cette butée.

---

1. Shentoub, Rausch (1982), p. 5. Souligné par nous.
2. Nous développerons cette problématique dans le chapitre 4.

Conclusion

Nous voudrions conclure cet exposé de la position originale de V. Shentoub en évoquant l'apport interdisciplinaire qu'elle se propose. La référence à la « nosographie psychanalytique » reste pour elle, en 1982 (p. 6) comme en 1967, la référence partageable avec les disciplines connexes qui s'en inspirent.

> « En référence à cette nosographie, écrit-elle, les données recueillies au T.A.T. permettent, suivant le cas, de faire l'hypothèse d'une structure névrotique (obsessionnelle ou hystérique, par exemple), d'une structure psychotique (schizophrénie, mélancolie, paranoïa) ou encore d'une organisation du style " État Limite ". [...] Le principe de la complexité des organisations mentales n'échappe point aux auteurs contemporains qui évoquent, sous des vocables différents, la possibilité de coexistence de structures partielles au sein d'une même organisation mentale ([...]. Cette particularisation conduit à la prise en compte de la place relative que tiennent ces structures partielles dans l'économie générale du fonctionnement mental. Ainsi les mécanismes de la problématique du style psychotique peuvent prendre une valeur prépondérante, comme ils peuvent n'apparaître que sporadiquement, cédant aussitôt la place aux modalités névrotiques [...]. Le T.A.T. fournit des données qui semblent parfaitement convenir à ce type d'analyse différentielle (Shentoub, Rausch, 1982, p. 6).

L'histoire-T.A.T. s'organise devant le psychologue dans l' *« hic et nunc »*. Celui-ci note tout ce qui est dit, y compris les ratés, les lapsus (pour lesquels le sujet peut parfois préciser : « n'écrivez pas cela » ou « effacez ce que je viens de dire »), tout ce qui se passe dans la situation (les rires, les agirs, par exemple). Il témoigne en ceci du fait que son attention se porte sur les modalités de fonctionnement utilisées dans le processus de production, plutôt que sur le produit. La situation-T.A.T. apparaît ainsi comme ramenée à un espace-temps très court, partageable par l'observateur, et permettant une saisie holistique du vécu. Les modalités originales du sujet d'inventer — ou de ne pouvoir le faire — une solution qui à la fois décharge l'exigence de ses désirs et tienne compte de ce qu'il perçoit et investit dans la réalité externe, s'y inscrivent dans l'ensemble de leur dynamique.

C'est dans le mouvement même qui va de cette analyse différentielle (admettant dans le fonctionnement psychique de l'homme « la coexistence de structures partielles au sein d'une même organisation mentale ») à la saisie, dans son déploiement temporel, de la dynamique entre divers investissements et contre-investissements du fantasme (des différents *scenari* fantasmatiques) que se déplace Vica Shentoub. Elle offre ainsi au psychologue un instrument de compréhension du vécu humain aussi pertinent aux exigences de la recherche qu'à celles d'une pratique aux insertions plurivalentes.

3 Butées interprétatives

Nous avons noté, au long de la lecture que nous avons poursuivie du système interprétatif de V. Shentoub, un certain nombre de difficultés qui laissent la recherche ouverte. Nous voudrions revenir sur deux d'entre elles.

Première difficulté

Animé par l'idée de conflit, cohérent en fonction même de cette centration — et nous avons vu que c'était sans doute là sa très grande richesse épistémologique — ce système ne peut, de ce fait même, que privilégier les solutions « normalo-névrotiques » à la conflictualisation pulsionnelle. La grille de dépouillement, la lecture des mécanismes de défense en donnent une excellente illustration. L'exercice clinique a permis d'affûter l'outil, désormais sensible à de multiples nuances de l'organisation du discours (Cf. les échelles « Contrôle » - A -, « Labilité » - B - et « Inhibition » - Cp -). Un psychologue ayant l'expérience de l'interprétation du test suit ainsi très souplement le déploiement des mouvements défensifs à travers leurs correspondants langagiers. Il apprécie leur amplitude, leur poids, leurs intrications, la poussée du désir qu'ils tentent de contenir ou d'aménager, les contre-investissements et les tolérances qui les soutiennent : le déploiement du jeu névrotique s'inscrit en finesse dans l'histoire, le filigrane pulsionnel est plus ou moins perceptible à travers les déguisements que la « mauvaise foi : moïque lui imprime, déguisements qui disent, tout autant qu'ils tentent de masquer.

La structuration œdipienne, qui lie désir et défense de la manière la plus économique, si elle y est maîtresse, apparaît dans l'histoire à travers les interactions potentielles de ses figures. La succession des planches de

T.A.T., qui appelle le surinvestissement de ces différents jeux de figures organisés par l'Œdipe, nous l'avons vu, permet au mieux de suivre les aménagements que chaque sujet a pu trouver pour s'y mouvoir... et pour en jouir avec un minimum d'angoisse.

Mais tout autre aménagement ne peut alors être perçu qu'en termes d'échec. Échec à la structuration œdipienne du fonctionnement psychique dont témoignent les « agirs » (items D) les émergences en processus primaire (items E) et, à un moindre degré, la fuite (ou l'utilisation) de la banalisation et de la quotidienneté. C'est ainsi que pendant très longtemps la feuille de dépouillement portait comme intitulé, pour les items dits ultérieurement « émergence en processus primaire », le terme « facteurs d'échec ». L'échec de la secondarisation, échec de la liaison entre fonctionnement conscient et fonctionnement inconscient, et la difficulté ou l'impossibilité d'habiter la problématique œdipienne étaient considérés comme synonymes, sans que les différentes modalités de ce qui est ainsi évoqué comme échec aient pu être suffisamment repérées.

Malgré la référence de V. Shentoub aux recherches psychopathologiques de Bergeret et l'insistance avec laquelle elle soutient (Shentoub, Rausch, 1982) la valeur du T.A.T. comme instrument de diagnostic différentiel dans les organisations évoquées par elle sous le terme d'État Limite, il semble que la pratique du T.A.T., si l'on ne tient pas compte des derniers prolongements (items Cf, Cn et Cm) dus à son équipe (Anzieu, Chabert, 1983), (Brelet, 1983), (Debray, 1983), accréditerait plutôt une nosographie psychanalytique à deux registres de fonctionnement : le registre névrotique, organisation nouée par l'Œdipe, et le registre psychotique marqué par l'échec de la structuration œdipienne.

La nécessité de différencier ce dernier registre et de rendre compte de fonctionnements psychiques humains apparemment très différents[1] a mobilisé l'effort de l'équipe de recherche regroupée autour de V. Shentoub, à partir de 1970-1975. Vica Shentoub, très sensible à cette recherche, l'a soutenue fortement tout au long de ces années, non seulement en encourageant ceux qui la menaient mais intégrant leurs apports comme leurs mises en cause à son propre système.

1. Par exemple, ceux d'un vécu psychotique où le délire est la seule possibilité d'aménagement psychique vivable et d'un fonctionnement de prothèse narcissique à réussite sociale brillante et à étayage narcissique heureux sur un Moi-partenaire vampirisé.

Deuxième difficulté

La seconde difficulté concerne l'analogie souvent soutenue, et cliniquement pertinente, entre procédés discursifs (organisant un récit structuré, relevant des processus secondaires, appartenant au fonctionnement conscient ou préconscient) et mécanismes de défense (dont le caractère parfois inconscient, stéréotypé, non syntone au Moi, est bien connu). On peut sans doute voir dans cette dérive une séquelle de l'ancienne affiliation à la pensée américaine. Pour Holt, on s'en souvient, le fonctionnement de la sphère du Moi « libre de conflit » (ce fonctionnement moïque postulé comme échappant à tout impact inconscient, puisque animé par des forces désexualisées) était justement situé à l'origine des processus de pensée. De cette sphère autonome témoignait l'histoire T.A.T. L'échec à la produire était liée à sa fragilité : qu'elle se désorganise et le psychologue y trouvait la preuve de l'infiltration de ce Moi-pensée « autonome » par les forces pulsionnelles.

Que V. Shentoub, abandonnant la référence à Holt, nait pas été soucieuse de justifier une équivalence qui avait fait ses preuves cliniques, n'est peut-être pas étonnant. Cette ambiguïté n'est pourtant pas sans conséquences : insistant sur les mécanismes de défense, les travaux concernant le T.A.T. ne se sont pas intéressés aux modes de fonctionnement qui les précèdent (projection, identification projective, etc.). La pensée, en effet, organisant le récit-T.A.T. se sert aussi *de modes langagiers* témoignant de l'intrication du processus primaire et du processus secondaire dans leur *forme* même. Pour employer un terme dont nous aurons à nous expliquer, il s'agit de processus langagiers tolérants à la logique du processus primaire. Ces modes du discours, rapprochés de préférences perceptives et d'organisation particulière du fantasme communiqué, repérables dans le récit-T.A.T., rendent cet instrument particulièrement apte à la mise en évidence de fonctionnements non névrotiques, de ceux qu'on appelle « limite » ou « narcissiques ».

Pour pouvoir en rendre compte de manière telle que la référence théorique reste cohérente avec la méthologie utilisée, il devenait nécessaire d'élargir la position de V. Shentoub. Tel est un des buts de ce livre.

Pour résumer, le récit-T.A.T., tel que V. Shentoub le conçoit, témoigne de la traduction dans un discours cohérent et partageable, du fantasme réactivé par la stimulation de la planche. Comme nous l'avons vu, ses recherches et celles de R. Debray ont centré l'interprétation sur la structuration œdipienne du conflit : le scénario fantasmatique lie désir et défense et la stratégie défensive se repère dans le mouvement même de l'énonciation du récit. Lorsque cette organisation est mise en cause de manière itérative par des expressions directes en processus primaire qui trouent un récit devenu aberrant, et que la réalité externe (le contenu latent et le contenu manifeste de la planche) actuellement stimulante apparaît désinvestie, totalement négligée en tant que telle ou fortement déformée au profit d'expressions de la réalité interne, le psychologue repère la faille du refoulement propre à la psychose. L'effort déployé pour réorganiser le monde interne, les procédés plus archaïques de fonctionnement de la pensée appelés par le sujet pour recréer le sens qui lui manque (projection, identification projective, déni, idéalisation, clivage, etc.) sont compris dans leur intrication aux fantasmatiques sous-jacentes, d'expression quasi immédiate.

Mais une question reste posée, qui concerne un nombre croissant des consultants actuels du psychologue, comme du psychanalyste. Qu'en est-il lorsque l'investissement du fantasmer est fragile, voire impossible ? Ou lorsque nous sommes interrogés par des modes d'organiser la fantasmatique qui échappent à la structuration œdipienne (par exemple le fantasme « cru » et les modes archaïques de fonctionnement psychique décrits par certains auteurs dans l'état limite (Widlöcher, 1979), sans perte de l'investissement de la réalité externe, ni incohérence globale du récit. Quand enfin celui-ci révèle un surinvestissement envahissant des éléments de la réalité externe (manifeste, factuel, normatif), remplaçant la résonance fantasmatique attendue, comme dans les protocoles de T.A.T. qu'analyse R. Debray (1978, 1983) dans un travail sur le diabète insulino-dépendant, exemplaire d'une compréhension de l'économie psychosomatique des individus humains.

Il semble alors nécessaire d'élargir la compréhension de l'outil-T.A.T. Non seulement celui-ci serait apte à mettre en évidence l'organisation ou la désorganisation d'un récit, mobilisé par la fantasmatique œdipienne et tendant à en exprimer les modulations singulières au sujet ; mais il serait *mise à l'épreuve* de l'activité même du *fantasmer.* Investir le percevoir pour y repérer des objets externes en rapport avec le fantasme ; laisser se déployer la réactivation de la visée fantasmatique et en tolérer la pression ; en faire partager, dans la relation de test, l'énonciation langagière et convier son partenaire — le psychologue — à en jouir ; autant de mouvements que le processus-T.A.T. suppose, autant de mouvements dont les différentes figures vont dessiner pour nous la voie d'approche des fonctionnements non névrotiques.

DEUXIÈME PARTIE

PROLONGEMENTS THÉORIQUES

PRÉLIMINAIRES À UNE COMPRÉHENSION DU PROCESSUS-T.A.T. COMME MISE À L'ÉPREUVE DU PENSER-FANTASMER

4 La situation-T.A.T., situation d'interrelation

N. Rausch de Traubenberg, en présentant en 1983 le numéro spécial de *Psychologie Française,* « Techniques Projectives II », écrivait :

> « Cet ensemble d'articles [...] cherche [...] à donner un sens, une signification, un nouveau langage à la pratique des techniques projectives, *les inscrivant dans un espace, un temps, un rapport qui leur est propre*[1]. »

Espace-temps de la situation projective, territoire méconnu, « occupé » avec mauvaise conscience plutôt qu'habité et investi par le psychologue. Territoire fascinant pourtant : l'enfant s'y meut avec plaisir, profite de ce « jeu », à côté de l'adulte, pris au sérieux par lui ; on peut juger de l'importance que prendra pour lui le fait d'être « entendu » et entendu dans une parole dont les sources inconscientes ne sont pas si lointaines ! L'adulte y est souvent moins à l'aise. La confrontation à cette soudaine liberté, à cet espace de rêve, représente pour lui un véritable stress. Et ceci, d'autant plus qu'aux confins de cet espace se tient le psychologue, témoin silencieux, « destinataire » énigmatique. Sa présence différencie de manière radicale ce qui va se passer là, de « l'habituelle consolatrice de nos médiocrités et de nos échecs, la douce « rêverie diurne », espace intermédiaire [...où] tous ceux qui sont privés de quelque chose viennent chercher compensation et consolation » (Freud, 1916-1917, p. 354).

1. Rausch (1983), p. 99. Souligné par nous.

LES REPRÉSENTATIONS RÉINVESTIES DANS LA SITUATION DE TEST

Ce qui va se passer là, l'événement-T.A.T., nous l'aborderons d'abord à travers son aspect relationnel. Rencontre entre deux personnes : le psychologue, et son partenaire, le sujet en test. Rencontre peu banale, dont les paramètres constituent la situation projective.

R. Schafer (1954) traduit en France par M. Wernert et R. Durand de Bousingen (1963), mais aussi J. Guillaumin (1965), ont proposé à propos de la « relation de test » des repères stimulants. Ils rapprochent tous deux la situation de tests de la situation psychothérapique. Encore que, selon le mot de D. Anzieu, le sujet ici « se prête », et que la courte régression que son Moi « comme endormi laisse faire (...) le « laisse intact et prêt à se reprendre, identique à lui-même, quand l'exploration est terminée », lui évitant ainsi l'engagement (Anzieu, 1970, p. 5).

La situation, nous l'avons vu en effet, diffère ici sur un point essentiel, le temps, de l'engagement dans un processus psychanalytique qui se développerait et échapperait au sujet. Aucun remaniement structural n'en sortira bien sûr. Par contre, le psychologue aura d'emblée pour le sujet une place assignée, sur le même mode que le thérapeute dans un premier entretien. Et cette place ne sera susceptible que d'une évolution très relative, liée au contenu fantasmatique de chacune des planches.

Place assignée, complexe d'ailleurs, qui reste sous-jacente, la plupart du temps non repérée. Elle n'en transforme pas moins en expérience *in vivo* ce qui, dans la rêverie, reste *in absentia.* Ce caractère de « tranche de vie réelle » (Freud, 1914 *b,* p. 114) ne peut être négligé. Il s'ajoute à la surcharge d'excitation pulsionnelle liée aux planches et peut-être même, en fonction de cette surcharge, permet la mobilisation de fantasmes habituellement plus contrôlés, et ajoute sa prime de plaisir — et d'angoisse — d'une manière constitutive de la situation.

La prise en compte de cette surcharge qu'implique la relation de test — ce transfert, dans le sens large du terme [1] — est souvent insuffisante, dans la situation elle-même comme dans l'interprétation du protocole. Méconnaissance que soutient sans doute la réaction — défensive ou non — du psychologue à cette proposition de relation, ainsi que sa propre position inconsciente devant son « engagement » dans la situation de

1. Nous utiliserons désormais de préférence le terme « relation de test ». Celui de transfert risque d'entraîner une confusion avec transfert dans son sens étroit, spécifique à la situation psychanalytique et repérable dans la névrose de transfert.

test ; elle a, nous semble-t-il, beaucoup de conséquences. Assez superficiellement elle entraîne chez certains d'entre eux une tendance à l'agir, à poser des questions. Ou, au contraire, à négliger de soutenir, après un refus de planche par exemple, le sujet « débordé » par ce qui se passe en lui et qui se réactualise dans la situation de test.

Mais plus subtilement sans doute, un grand nombre de messages pulsionnels, que la répression de la parole que s'impose le psychologue [1] détourne de leur décharge habituelle, passent dans l'attitude, les mimiques, les gestes échangés, ne serait-ce qu'au cours de la présentation des planches successives.

Cette « contre-position » du psychologue, son malaise ou son plaisir à habiter cette situation ont un effet important sur la production du sujet. La projection des images internes de ce dernier pourra en être altérée, elles lui seront renvoyées non seulement vivantes, mais amplifiées et éventuellement fortement déformées.

Nous connaissons bien la coloration régressive de ces images internes que le psychologue a à soutenir. Il est, bien sûr, celui qui propose une consigne, un ordre, une « représentation-but ». On peut imaginer facilement l'articulation de cette demande au Surmoi et à l'Idéal du Moi. Mais, « représentant mixte de la fantaisie et de la réalité, il est comme l'ensemble de la situation, porteur d'une règle qui comprend l'incitation du désir et la défense » (Shentoub, Rausch, 1982, p. 3).

En fonction du poids de ces deux instances dans sa propre économie psychique, le sujet en test investit ou non la tâche proposée et est plus ou moins prêt à répondre à la consigne. Mais plus encore, la régression qu'implique la consigne elle-même : « imaginer l'histoire qui irait avec cette planche », colore la relation *hic et nunc* selon les fantasmatiques familières à chacun des sujets en test. Un tel vivra le psychologue comme un voyeur qu'il faut charmer ou qui fait intrusion, selon le poids de la traduction œdipienne de son vécu ; tel autre — ou le même — se sentira l'objet d'une maîtrise sadique, la manipulation persécutrice sera par lui dénoncée, ou vécue sans qu'elle soit consciente ; tel autre encore se percevra aidé, aimé, sauvé, objet passif de l'intérêt du psychologue. Tous ces aménagements de la relation et de multiples autres, exprimés ou non, permettront au sujet en test — et aux détracteurs de la situation projective — d'établir un compromis plus vivable (névrotique ou autre, selon leur mode d'aménagement habituel) avec l'angoisse de castration

1. Rappelons qu'il devrait, pour nous, s'abstenir de toute intervention, après avoir proposé la consigne, sauf justement si son partenaire en test se révèle débordé, seul moment réellement « traumatique » de la passation d'un test.

que réveille la fantasmatique œdipienne très fortement sollicitée par la situation de test. De toute façon la réponse sera don, objet d'échange, refusée ou offerte, là encore pour la plus ou moins grande angoisse du client, selon son mode psycho-sexuel le plus investi dans le contexte complexe de la situation projective.

C'est en effet d'abord la fantasmatique œdipienne que le vécu relationnel du test réveille chez le sujet et ceci en cohérence avec la stimulation des planches de T.A.T. que lui propose le psychologue. Et l'on comprend mieux ainsi que la réponse du partenaire de la situation de test au psychologue ait cette coloration sexuelle, liée à la relation d'objet (orale, anale, phallique), que notait R. Schafer (1954).

Aussi le psychologue voit-il sa place marquée, connotée des emblèmes qui rappellent les objets internes de son vis-à-vis : il est mis à la place de celui-ci ou de celui-là, dont telle ou telle attitude, tel ou tel « petit reste » donne sens au désir.

Mais il est tout autant le *double* du sujet, le représentant narcissique privilégié :

— Tantôt double à rassurer dans la quête identificatoire, dans les illusions d'identité. Double appelant le sujet, de toute la force de son Idéal du Moi, à la réalisation d'un projet mobilisateur. Dans ce temps très court de la réalisation du T.A.T., tout est de nouveau possible : c'est un monde nouveau qui s'ouvre, potentiellement libre de tout échec, c'est une renaissance, une re-création, où la réussite tant attendue et dont nous avons dû, adultes, faire le deuil, est encore imaginable.

— Tantôt double fascinant et exigeant, face auquel ce projet encore réaliste devient ambition d'une réussite totale. L'histoire devra être une mini-œuvre d'art, le T.A.T. exprimer de manière pleine celui qui le passe, persuader l'autre, lui-même, de sa perfection, toujours mise en défaut. Le test dira les « raisons » qui expliquent sa route, et ceci de manière définitive, comblant ainsi cette folle passion d'une unité toujours déroutée. La démesure d'un tel investissement (en termes de Moi idéal) peut réveiller de nouveau le découragement chez le sujet en test. A quoi bon, encore une fois, vivre le risque d'une désillusion ? Les réponses banalisées, la restriction, la tendance au refus viennent alors éviter l'engagement.

— Double, enfin, à convaincre : certains consultants abordent le test en y cherchant une preuve de leur existence, une réassurance dans leur confiance en eux, à travers l'image qui leur est rendue du dehors, à travers leur production elle-même, les sons émis, les percepts exprimés, souvent très sensoriels lorsqu'ils répondent à ce niveau d'exigence. Production seule capable, peut-être à travers la stimulation qu'elle renvoie, de leur rendre « croyance » en leur propre vivre !

LA MOBILISATION ŒDIPIENNE DES DEUX PARTENAIRES, SPÉCIFIQUE AU T.A.T.

A cet investissement de la relation de test, présent d'emblée, s'ajoute le mouvement propre au T.A.T. Dans ce temps limité, dans cet espace apparemment balisé par ces deux présences, celle du psychologue et celle de son vis-à-vis, et par la consigne proposée par le premier : « Imaginez l'histoire qui irait avec ces planches », un paramètre essentiel a été en effet jusqu'ici négligé, celui du matériel; média de la relation, occasion de la rencontre.

Ces treize planches non anodines, relativement structurées, proposent pour beaucoup d'entre elles le dessin d'un personnage en situation, éventuellement en relation. La mise en scène manifeste renvoie, rappelons-le, aux différents jeux de la fantasmatique œdipienne, en en privilégiant plus ou moins certains aspects. Elles confrontent le sujet en test à une situation conflictuelle : il vit une surcharge d'excitation pulsionnelle de la fantasmatique inconsciente, excitation qui remet en route, *de facto* l'effort défensif.

Fantasmatique conflictuelle surinvestie, dans une situation relationnelle elle-même conflictuelle : le psychologue, partenaire du sujet en test, se trouve dans la position même de la mère séductrice sexuelle décrite dans les travaux de Freud. Comme elle, dont le désir s'inscrit dans le champ de l'Œdipe et qui l'impose comme tel à son enfant, le psychologue est porteur de l'interdit d'agir le fantasme œdipien. Son silence, la consigne qu'il maintient vont dans ce sens, ainsi que son attente d'une réponse.

Cette place symbolique, telle qu'elle devrait être tenue par lui, se module selon sa propre visée inconsciente, selon sa propre représentation-but de psychologue. Là encore — et nous retrouvons les spécifications que nous évoquions plus haut mais cette fois du côté du psychologue lui-même — la réponse attendue pourra être fantasmée comme outil de réussite professionnelle, comme occasion d'une aide qui se dirait altruiste, comme contenant d'un savoir sur l'autre, ou comme objet de maîtrise. Mais aussi, dans un tout autre registre, détour pour apprendre quelque chose sur l'être humain, donc sur lui-même, et pour résoudre encore un peu plus l'énigme qui le mobilise, et l'a peut-être fait choisir d'être psychologue. Peut-être même, pour lui comme pour son partenaire, quête anxieuse d'une identité dont le test projectif — le T.A.T. peut-être un peu moins que le Rorschach, mais est-ce si sûr ? — est mise en cause radicale, au profit de la mise en évidence du mouvement identificatoire et de sa fluctuation.

Mais, comme l'imago de la mère séductrice, le psychologue bouscule en présentant ces planches et en déclenchant une surcharge d'excitation pulsionnelle, le fragile équilibre économique de celui qu'il a appelé en face de lui. Et il lui laisse bien peu de moyens de maîtriser la relation [1]. Le voici « montrant », dans cette situation de déséquilibre, des planches à tonalité œdipienne suffisamment nette pour qu'elles jouent le rôle de détonateur dans le jeu pulsionnel explosif que le sujet en test, comme nous tous, maintient difficilement. Séducteur œdipien, il répète une fois de plus cette intrusion, venue de l'extérieur, d'une sexualité traumatique à l'intérieur, donnant peut-être dans ce mouvement même un autre sens au terme de « projection » dans la situation projective.

Séducteur comme le parent du fantasme de séduction, il porte au carré la sollicitation de la planche. Sa réaction inconsciente au fait d'accepter de prendre cette place n'est certainement pas indifférente. Tâche inhabituelle *pour l'un et pour l'autre,* s'il accepte de vivre pleinement cet événement T.A.T., toujours nouveau, et ne se réfugie pas dans l'intellectualisation, l'objectivation de son partenaire ou la banalisation d'une rencontre qui devrait rester « extraordinaire », laisser une impression d'étrangeté. Mais cette tâche peut aussi se résoudre dans un plaisir réel pour les deux protagonistes si l'économie libidinale du sujet en test lui laisse le loisir de trouver dans le compromis de l'histoire le détour qui lui permet de dire son mouvement inconscient avec suffisamment d'aisance. Le psychologue, devenu son public, peut y trouver alors lui-même une « somme de plaisir » selon le processus que Freud évoque pour la création littéraire :

> « Lorsqu'il a réussi à réaliser tout cela, il procure (aux autres) le moyen de puiser à nouveau soulagement et consolation dans les sources de jouissance, devenues inaccessibles, de leur propre inconscient ; il s'attire leur reconnaissance et leur admiration et a finalement conquis *par* sa fantaisie ce qui auparavant n'avait existé que *dans* sa fantaisie » (Freud, 1916-1917, p. 354).

---

1. A noter ici que la situation de test est beaucoup plus difficile à aménager qu'une situation d'entretien dans ce qu'il en est fantasmé à l'avance par le sujet. Mais, par contre, l'issue « histoire » que propose la consigne permet un compromis relationnel nouveau, dans la mesure où le sujet en test peut « négocier » le mode de sa réponse (banalisée, conforme, pauvre, opposante, ou au contraire ludique, offerte, complaisante, déployée, etc.).

Il faut reconnaître que souvent la pratique du psychologue, dans le champ de la psychopathologie, le confronte à des personnalités qui ne trouvent devant la surcharge pulsionnelle que des compromis défensifs maladroits, répétitifs, piétinants ; leur « dégagement » reste au long du test problématique. Dans la situation de sélection, le sujet en test privilégie l'habituel ; le poids de l'effort défensif s'exagère et banalise, conformise la réponse. Cependant quelques-unes de ces histoires, quand justement l'effort défensif se fait plus aisé et laisse place à des possibilités de création, apporte cette « prime de plaisir » d'une fantasmatique partagée à travers le texte. Certains sujets témoignent de cette faculté créatrice d'une manière particulièrement heureuse, et le psychologue se trouve alors fasciné par la production qu'il a suscitée. Cette situation de séduction, réciproque cette fois, risque d'enfermer la compréhension ou de la figer dans une axiomatique déguisée. Bien sûr, nous pensons comme V. Shentoub et R. Debray (1980) que la possibilité créative témoigne de la capacité dans la vie d'inventer des compromis nouveaux pour faire face à la situation. Nous serions cependant assez prudente quant à conclure devant les protocoles créatifs, à une « liberté (relative) de fonctionnement [...] reposant sur la présence d'une perméabilité suffisante entre les substructures de l'appareil psychique » (Shentoub, 1981, p. 69).

Nos propres recherches (Brelet, 1981, p. 32) concernant les modes de réponses dits « narcissiques » (témoignant d'un investissement d'objet narcissique — une représentation de soi-même — et non objectal, une représentation de l'autre) nous ont amené à reconnaître la nature narcissique du plaisir à créer dont témoignent les personnalités qui utilisent ce mode de manière préférentielle. Plaisir à créer, efficacité à le faire, les histoires proposées pouvant être de « lisibilité » très grande[1]. Plaisir à inventer l'histoire, à se voir maîtriser l'impossible conflit entre désir et défense, l'éludant dans la création d'un monde dont on est le maître unique, où l'on échappe enfin à la taraudante dépendance de « l'autre-qui-peut-manquer » (dépendance qu'impliquerait l'investissement de l'objet sexuel). Où l'on peut se croire — enfin — la toute-puissance d'un dieu, innocent et efficace. Avoir besoin de « tirer les ficelles » de personnages (peut-être insuffisamment vivants dans notre vie psychique), pour nous faire croire à leur existence ou même les faire vivre dehors, pour nous

1. V. Shentoub et R. Debray, 1978-1979, p. 310, proposent, on s'en souvient, la définition suivante de ce concept interprétatif : « La lisibilité doit rendre compte de la dynamique qui relie ce que le sujet dit, comment il le dit et la distance qu'il entretient par rapport au contenu latent de l'image. »

rassurer quant à leur « réalité jamais suffisamment intériorisée », autant de modes « créatifs » fort coûteux pour l'économie psychique.

UN PSYCHOLOGUE « CONTENANT » DU PULSIONNEL ?

Car c'est aussi l' « intériorisation » que met à l'épreuve le test projectif. Avec « en prime », un plaisir ludique et malicieux, plein d'humour, et l'appel à la complicité amusée du psychologue. Ce personnage suffisamment serein, pense le testé, pour convoquer les forces de l'ombre, « contraindre un esprit à sortir des enfers » (Freud, 1915 *a*, p. 121), se trouve suffisamment proche de son propre inconscient pour en tolérer chez l'autre l'émergence et, la tolérant, y trouver un raccourci de plaisir, une économie libidinale, sur le mode évoqué par Freud dans le mot d'esprit.

Voilà bien un vécu peu souvent décrit à propos des tests projectifs et pourtant source d'un véritable échange, où le testé devient le personnage actif, donnant, et donc responsable d'une situation où les deux partenaires, malgré les apparences, retrouvent égalité[1].

Mais bien plus souvent, dans le cas des personnalités dont nous avons travaillé le protocole, mais aussi à un degré moindre dans toute passation, cette « mise à l'épreuve » de la mobilité des représentations internes, de la richesse du monde fantasmatique, devient épreuve dans le sens propre du terme. Sidération devant le vide que le refoulement, trop efficace, laisse dans le monde intérieur, désespoir résigné devant la pauvreté d'une répétition piétinante, d'un doute annulateur et ravageant ou d'une superficialité trompeuse et aliénante, nos partenaires font de nouveau l'expérience de leur difficulté à « jouer ». A jouer, et à jouir de forces dont le potentiel est pour le moment inutilisable.

Si nous disons « jouer », c'est que l'expérience humaine que nous avons ici à l'esprit est celle du petit enfant qui joue, seul, à côté de sa mère. Autre place fantasmatique où est appelé le psychologue, à la fois

1. Nous voulons ici remercier nos étudiants de licence en 1981-1982, à l'Université de Nantes, qui, échangeant devant nous sur leur expérience de passation de T.A.T. et de Rorschach (tenant la place du psychologue ou comme « client »), nous ont beaucoup appris quant à ce qui va suivre. Le travail clinique plus habituel, avec des « vis-à-vis » en crise et dont la demande est très fortement surdéterminée, s'il ne permettait pas la mise en évidence de ces éléments relationnels, en a montré ultérieurement la pertinence.

présent et absent, attentif parfois, parfois plus lointain, laissant à son client toute l'initiative de l'issue qu'il va donner, à travers l'histoire, à la surcharge pulsionnelle. Présent cependant à bonne distance, et garant que « rien n'arrivera », que les esprits convoqués — mauvais esprits, bien sûr — ne sont pas aussi dangereux que l'on voudrait se le faire croire, qu'il y a une solution donnée au problème, positive, quelle qu'elle soit. Dire qu'il se peut qu'on ne voie rien à une planche, après un refus extensif, est une attitude que ne néglige aucun psychologue, mais sommes-nous assez profondément persuadés que, quelle que soit la manière dont quelqu'un réagit à cette mise à l'épreuve, c'est la meilleure pour lui dans l'instant, la seule disponible, et donc la « bonne » !

Cette place de garant, le psychologue la doit à la consigne. *Raconter* l'histoire qui irait avec cette planche, pour le T.A.T., *dire* ce que l'on pourrait voir dans ce dessin au Rorschach, implique que quelque chose de ce qui se vit là, *hic et nunc,* est convoqué à *parler* et trouvera mot pour se dire, sens communicable, partageable. Comme le jeu de l'enfant, l'expérience est à la fois interne et externe appuyée sur des éléments concrets de réalité.

> « L'enfant distingue fort bien de la réalité le monde de ses jeux. Il cherche volontiers un *point d'appui* aux objets et aux situations qu'il imagine dans les choses palpables et visibles du monde réel. Rien d'autre que cet appui ne différencie le jeu de l'enfant du rêve éveillé [1]. »

Rien d'autre que cet appui, mais justement cet appui, dont l'adulte ultérieurement se passe. Cet appui pour, petit à petit, assurer l'utilisation d'un monde interne solide, appui qui va dramatiquement manquer à certains dans la situation projective, « la capacité à être seul en présence de la mère » (Winnicott, 1958). Leur monde interne est si fragile, si peu assuré, que sa mise à l'épreuve n'entraîne ni jouissance à partager le mouvement pulsionnel inconscient qui émerge moins déguisé qu'habituellement, ni angoisse devant la montée de forces dangereuses mais cependant présentes et témoin d'un vivre et d'un jouir toujours possibles — beaucoup trop « possible » nous dirait le névrotique. Cette mise à l'épreuve les met en cause de manière radicale.

La réponse n'est pas alors univoque. Devant la fragilité du fantasmer que l'écran du test révèle, il est pour certains nécessaire de réorganiser le film qui se propose à eux de telle manière qu'il leur soit supportable. Que les images — son image, sa scène primitive — redeviennent sensées, prennent un sens nouveau, et il perd ainsi son impact traumatique ! Ce que cette attitude désespérée entraînera avec elle de la reconnaissance

1. Freud (1908), p. 70. Souligné par nous.

de la réalité sera cas d'espèce et le protocole confirmera cette fragilité de l'activité perceptive et ce désinvestissement du monde de la réalité externe.

Un certain nombre d'autres protocoles ne témoignent que très peu de ces distorsions perceptives. Parfois même ils se font l'écho d'un investissement intense des éléments de réalité (des « appuis » dans le réel aux choses qu'ils imaginent, comme l'écrit Freud pour l'enfant). Les histoires de ces T.A.T. témoignent de l'utilisation de formes de pensée peu fréquentes et la manière d'organiser ce perçu peut paraître inhabituelle. Il nous semble justement que, pour ces sujets plus encore que pour les autres, le psychologue en situation de test occupe une place très particulière : il sait.

On a souvent dénoncé l'aspect aliénant du savoir postulé du psychologue. Si celui-ci en effet n'est pas attentif à cette place très particulière où le mettent son client et aussi la demande sociale (et, non sans ambivalence, notre culture), et s'il se laisse piéger dans l'illusion de la possession de ce savoir sur l'autre, il propose une image identificatoire à son face à face (« vous êtes ceci ou cela ») dont la fonction aliénante — on n'est toujours ceci ou cela que pour un autre — est évidente. L'expérience du test bloque le mouvement du sujet dans un jeu de miroir. On ne sait plus qui cherche et tente de trouver une identité, du demandeur-client ou du demandeur-psychologue. Quoiqu'il ne convienne pas de donner trop de poids à une expérience tout de même limitée dans le temps, il est à craindre que notre partenaire, avide de parole identifiante, se trouve pris alors dans le piège que toutes ses défenses le poussaient à chercher.

Mais une autre conséquence peut découler de cette modulation de la place de garant que nous évoquons ici : le psychologue imaginé sachant, à condition qu'il puisse habiter cette place, dispose de mots pour « dire » le mouvement de l'autre, de son « coéquipier testé » dans la situation de test. Il agit, pendant le temps de l'expérience projective, comme un contenant sûr de la pression pulsionnelle. Et là, ce qui est en cause, ce sont peut-être plus *ses moyens de dire, l'éventail du vivre que recouvre son langage*. La liberté dont il dispose pour l'utiliser, à la fois informé et « formé » — d'autres diraient peut-être déformé — par la référence théorique qui est la sienne, va s'exprimer *concrètement* dans les limites d'une grille de lecture, grille interprétative, partageable et susceptible d'être véhicule de communication, s'imposant à lui.

Si en effet cette interprétation fait violence, comme celle du porte-parole qu'évoque P. Aulagnier (1975) pour l'infans, elle permet seule que de l'innommable devienne nommé, de l'impensable pensé, de l'invivable enfin expression de vie. Et cette fonction de contenant que son client est en droit d'exiger de lui, nécessaire à sa confiance dans l'expérience, toute limitée qu'elle soit, rapproche la situation projective de la situation analytique. L'écran du test, comme l'écran du transfert, permet que soient *nommés* des mouvements de vie (et de mort), leurs fluctuations, leurs butées.

Si l'analogie s'arrête là — l'expérience projective, en fonction de son parcours dans un court laps de temps, ne permettant pas que ces mouvements se déploient, prennent mots et sens pour le sujet, et puissent, vécus dans la vérité du transfert, être mobilisés, intensifiés, abandonnés, selon le destin qui s'ouvre à chacun d'entre eux —, elle reste tout de même un temps privilégié (comme l'expérience du petit groupe, par exemple) pour que se disent des mouvements et leur visée qui n'ont jusqu'ici jamais eu statut partageable pour le sujet.

5 Projection, extériorisation d'un processus interne. « L'écran projectif »

« Un rêve est donc aussi une projection, l'extériorisation d'un processus interne »
(S. Freud, 1917, p. 128)

« La projection ne se définit pas ici (in « Complément métapsychologique à la doctrine du rêve ») comme processus défensif au sens restreint du terme. *Bien plus fondamentale,* elle fournit au rêve sa *texture, sa trame et la possibilité même de son existence,* en tant que *lieu* de l'imaginaire [1]. Elle s'accomplit à travers le corps propre, narcissiquement investi. »
(Sami-Ali, 1974, p. 22-23)

Que représente « l'événement projectif » pour le sujet en test, quels processus sont mis en route par la situation T.A.T. ? C'est dès le point d'ancrage de la théorie projective dans la métapsychologie psychanalytique qu'il nous a semblé que nous devions reprendre les choses, dans la théorie freudienne de la projection. Nous y repérerons certaines lignes de force, souvent évoquées par les successeurs de Freud, mais peut-être insuffisamment utilisées et susceptibles d'élargir notre compréhension de la clinique de la situation projective.

1. Souligné par nous.

Nous suivrons d'ailleurs en ceci la démarche dont témoignait le numéro spécial du *Bulletin de Psychologie* sur la psychologie projective de novembre 1963. Après l'introduction de D. Anzieu : « Défense et illustration de la psychologie projective », ses rédacteurs choisissaient en effet ce retour aux sources : ils donnaient la parole à J. Laplanche et J. B. Pontalis, qui travaillaient alors à cette relecture des concepts freudiens, de leur émergence et de leurs dérives, qui allait donner naissance au « Vocabulaire de la psychanalyse ». Nous disposons là d'un travail de fondation qu'ils n'ont pas renié (le « Vocabulaire » reprenait mot pour mot, cinq ans plus tard, à l'item « Projection », le travail publié dans le *Bulletin de Psychologie*). Nous voudrions ici en reprendre rapidement l'analyse, pour en souligner certains aspects (Laplanche et Pontalis, 1963, p. 62-66).

LA PROJECTION CHEZ FREUD : UN MÉCANISME D'EXPULSION

Dans un premier paragraphe, Laplanche et Pontalis se proposent de faire l'inventaire des différentes dénotations du terme projection dans le vocabulaire psychologique et psychanalytique.

En neurologie, la notion de correspondance point par point ou structure à structure entre aire cérébrale et appareil somatique (effecteur ou récepteur) amène par dérivation celle de sensations perçues par une zone centrale et localisées « par projection » au niveau de l'appareil récepteur. Freud a parlé ainsi, disent-ils, « de sensations de démangeaison et d'excitation d'origine centrale, projetées dans la zone érogène périphérique ». Ce qui est en cause ici, pour Freud peut-être et pour nous, c'est déjà le difficile problème de la constitution d'un monde de la perception à l'extérieur, et de ses relations avec le monde interne, celui du désir dans la terminologie du psychanalyste.

En psychologie, c'est encore à propos de la perception que, sous l'impulsion de la psychologie de la forme — et, pourrait-on ajouter, des travaux de la phénoménologie — on évoque le terme de projection. Il connote une étroite « corrélation entre l'Innenwelt et l'Umwelt » (*ibid.).* L'attitude perceptive met en jeu le tout de la personne du sujet. Celui-ci organise la stimulation selon une certaine configuration qui lui est propre, une certaine gestalt tributaire de ses investissements.

> « Le sujet perçoit le milieu ambiant et y répond en fonction de ses propres intérêts, aptitudes, habitudes, états affectifs durables ou momentanés, attentes, désirs » (*ibid.*, p. 62).

Laplanche et Pontalis évoquent ici les tests projectifs et citant D. Anzieu (1961), précisent qu'ils permettent de mettre en évidence, à propos du sujet en test, « certains systèmes d'organisation de sa conduite et de ses émotions ».

Les autres utilisations du terme projection en psychologie : projection pour transfert, projection pour identification, étant du point de vue psychanalytique critiquables, ils prennent le parti de développer longuement la dénotation propre aux deux champs conceptuels — la psychanalyse et la psychologie —, celle d'un mécanisme de défense.

Nous ne voulons pourtant pas les suivre avant d'avoir évoqué la racine commune aux deux acceptions psychologiques du terme qu'ils écartent : la projection-transfert (le sujet montre par son attitude qu'il assimile telle personne à telle autre ; on dit alors par exemple qu'il « projette l'image de son père sur son patron » (Laplanche, Pontalis, 1963, p. 62) ou la projection-identification (« le sujet s'assimile à des personnes étrangères ou inversement assimile à lui-même des personnes, des êtres animés ou inanimés » (*ibid.*, p. 62) et leur proximité avec le mécanisme de défense. Il s'agit cette fois encore du rapport entre l'interne et l'externe et de l'importance de l'influence de l'interne sur la perception de l'externe. Nous verrons, en reprenant certains textes freudiens sur le transfert (in « La technique psychanalytique ») ou sur la création littéraire (« Le poète et le rêve éveillé »), qu'il peut être intéressant pour comprendre la situation projective de garder aux marges de notre réflexion sur la projection ces dénotations, que la rigueur d'une fidélité à la lecture de Freud nous amènerait, à la suite de Laplanche et Pontalis, à éliminer.

C'est donc sur *la projection en tant que mode de défense* que Laplanche et Pontalis centrent la suite de leur travail. A propos de la paranoïa, de la construction phobique, de la jalousie « projective » (distinguée par Freud de la jalousie normale et du délire de jalousie paranoïaque), ils notent le caractère insistant de la méconnaissance de l'interne inhérent à l'idée de projection. Même dans la situation analytique, précisent-ils, Freud ne considère pas le transfert en général comme une projection.

Défense donc, mais « défense primaire qui est mésusage d'un mécanisme normal consistant à chercher à l'extérieur l'origine d'un déplaisir ».

Le primitif animiste, l'Ancien utilisant le mythe comme expression, tend au même (més)usage : « les démons, les revenants incarneraient les mauvais désirs inconscients » (*ibid.*, p. 63), l'intoléré interne.

Défense primaire ou primitive, mécanisme normal de fonctionnement ? C'est à la métapsychologie même de la projection que nous renvoie la pathologie. Compréhension métapsychologique qu'ils rappellent dans leur troisième paragraphe : moyen de défense originaire contre les excitations internes que leur intensité rend trop déplaisantes, c'est aussi le premier critère de différenciation entre intérieur et extérieur.

Et de citer un passage d'*Au-delà du principe de plaisir* :

> « De là une tendance à les traiter (les excitations internes) comme si elles n'agissaient pas de l'intérieur, mais bien de l'extérieur pour pouvoir utiliser contre elles *le moyen de défense du pare-excitation. Telle est l'origine de la projection* qui joue un si grand rôle dans le déterminisme des processus pathologiques[1]. »

Il s'agit de l'interne et de l'externe, au nœud même de leur constitution ; et ils soulignent :

> « Freud fait jouer un rôle essentiel à la projection, couplée avec l'introjection, dans la genèse de l'opposition-sujet (moi)-objet (monde extérieur) » (Laplanche-Pontalis, 1963, p. 64).

Sans nous attarder à la recherche d'une chronologie concernant l'apparition de ces deux mouvements et la différenciation du dedans et du dehors, nous ne pouvons qu'être très attentive à cette position de Freud, liant de manière essentielle l'acquisition d'un dedans et d'un dehors (d'un moi et d'un non-moi) aux mouvements de projection et d'introjection.

Reprenons ici Ferenczi, à qui Laplanche et Pontalis font allusion dans le même article. Pour lui, en effet, la constitution de l'objet et du monde extérieur résulte d'un mécanisme de projection-introjection :

> « Lorsque l'enfant exclut les " objets " de la masse de ses perceptions jusqu'alors unitaire comme formant le monde extérieur, et que pour la première fois il y oppose le " moi " qui lui appartient plus directement, lorsque pour la première fois il distingue le perçu objectif *(Empfindung)* du vécu subjectif *(Gefühl)*, il effectue en réalité sa première opération projective, la " projection primitive " [...] et le moi [... réabsorbe une partie du monde extérieur et y étend son intérêt : ainsi se constitue la première introjection, " l'introjection primitive " » (Ferenczi, 1909, p. 101).
>
> « Freud a également démontré comment la vision politique et religieuse que les hommes se font de l'univers, les superstitions si répan-

1. Freud (1920), p. 71. Souligné par nous.

> dues, voire la métaphysique des philosophes sont méta-psychologie pure : une projection de sensations et de sentiments dans le monde extérieur » (*ibid.*, p. 102).

Lorsqu'un peu plus tardivement Ferenczi (1912) précise sa pensée quant à l' « introjection », il semble bien qu'il s'agisse pour lui — comme ce le sera pour Mélanie Klein — de rendre compte de la constitution du monde interne.

A l'opposé de la projection, l'introjection conserve l'appropriation de l'investissement libidinal, même si celui-ci « se déplace » d'un objet à un autre, mécanisme de « transfert » qui annexe l'objet au territoire du moi.

La projection, quant à elle (nous retrouvons là la position freudienne que Laplanche et Pontalis considèrent indiscutable), rend « " autre ", " alienus ", " d'ailleurs ", un contenu psychique. L'objet, lui, fait partie du monde interne, de ce contenu psychique même, même si le sujet doit pour sa part " le retrouver " dans l'externe. Malgré des difficultés de fond [celles sur lesquelles nous allons revenir dans la suite de ce chapitre], l'usage freudien du terme de projection est, on le voit, nettement orienté », concluent-ils. « Il s'agit toujours de rejeter au-dehors ce qu'on refuse de reconnaître en soi-même, ou d'être soi-même » (Laplanche-Pontalis, 1963, p. 65).

Difficultés de fond, en effet, que l'article de Laplanche et Pontalis ne néglige pas et dont l'exposé occupe leur quatrième paragraphe. Mais elles nous semblent être, une fois explorées, considérées comme secondaires. Ceci, qui est dans doute parfaitement justifié quand il s'agit de préciser le *Vocabulaire de la Psychanalyse,* l'est beaucoup moins, et nous verrons pourquoi, quand il s'agit de fonder une théorie du test projectif.

— *Première difficulté,* déjà sensible dans le texte de Ferenczi que nous venons d'évoquer, concernant *ce qui est projeté* : est-ce la cause des affects comme dans l'analyse de la phobie, est-ce l'affect comme pourrait nous le faire conclure la paranoïa, ou bien est-ce le « haï », le « mauvais », l'objet psychique lui-même comme Mélanie Klein le « réalisera » au maximum ? Pulsion, affect, objet sont ensemble projetés dans le mouvement même de fantasmer. Le texte de Ferenczi pourrait le faire pressentir et les formulations de Freud dans *Pulsions et destin des pulsions* (1915 *b*) et dans *La (dé)négation* (1925 *a*) vont nettement dans ce sens :

> « Ainsi que je l'ai exposé ailleurs, le moi-plaisir originaire veut s'introjecter tout le bon et rejeter tout le mauvais. Le mauvais, l'étranger au moi, l'extérieur est tout d'abord identique pour lui » (Freud, 1925 *a*, p. 4).

— *Deuxième difficulté,* que soulignent les auteurs : il s'agit de la différence de conception qui apparaît dans la pensée freudienne à propos de *la paranoïa.* Freud oppose d'abord la projection paranoïaque au refoulement rencontré dans la névrose obsessionnelle. Dans cette dernière, le sujet refoule dans une instance interne, l'inconscient, alors que la projection, symétriquement, « refoule dans l'externe ». Puis, avec le cas Schreber, la projection apparaît comme le mode paranoïaque du retour du refoulé, le refoulement de l'homosexualité et le retournement en son contraire étant chronologiquement premiers. D'où, concluent Laplanche et Pontalis, la possibilité de dégager deux acceptions de la projection :

• l'une dans un sens comparable au sens cinématographique — *l'écran de la projection,* dirions-nous pour notre part — pourrait recouvrir le fonctionnement d'un sujet qui envoie au-dehors l'image de ce qui existe en lui de « façon inconsciente », mode de méconnaissance (pour nous : mode de connaissance-méconnaissance), le sujet repérant en autrui ce qu'il méconnaît en lui-même ;

• l'autre « comme un processus d'expulsion quasi réel : le sujet jette hors de lui ce dont il ne veut pas et le retrouve ensuite dans le monde extérieur [...] la projection, ici, ne se définit pas comme « ne pas vouloir connaître », mais « ne pas vouloir être » (Laplanche et Pontalis, 1963, p. 64).

— *La troisième difficulté,* soulevée par la réflexion freudienne, amène Laplanche et Pontalis à mettre en cause la lecture plus habituelle du terme *projection comme expulsion défensive.* Nous y trouvons, pour la situation projective, le point de départ d'une réflexion extrêmement riche.

> « On trouverait une difficulté nouvelle avec la théorie freudienne de l'hallucination et du rêve comme « projection » (*ibid.*, p. 65). »

— *L'écran du rêve,* proposerions-nous cette fois. Et de citer Freud (1917, p. 128) : « Un rêve est donc *aussi* une projection, l'extériorisation d'un processus interne. »

Même si, à la suite de Laplanche et Pontalis, on peut admettre que Freud insiste aussi dans ce cas sur l'aspect défensif du mécanisme, tenir à distance ce qui risque de perturber le sommeil, le caractère tout à fait particulier du processus en cause, la particularité de la défense qui ici vise avant tout à sauvegarder l'exigence narcissique du sommeil, mérite, quand il s'agit de travailler la situation projective, qu'on s'y arrête longuement.

CRITIQUE DE LA PERTINENCE DE CETTE ACCEPTION DANS LA SITUATION PROJECTIVE

Il apparaît tout à fait difficile, en effet, pour un projectiviste, de soutenir la position de Laplanche et Pontalis quant aux tests projectifs :

> « On montrerait aisément », disent-ils à propos des tests projectifs « qu'il ne s'agit pas là seulement de structuration de stimuli — en correspondance avec la structure de la personnalité — : le sujet dans les planches de T.A.T. notamment, projette assurément ce qu'il est mais aussi ce qu'il refuse d'être » (Laplanche et Pontalis, 1963, p. 66).

L'apport de V. Shentoub a permis un élargissement sans précédent de l'utilisation du T.A.T. en France, en montrant justement que le sujet, devant la surstimulation de la fantasmatique inconsciente par les planches du T.A.T., réagit avec les mêmes défenses que dans les autres expériences de sa vie et met en place, dans la forme même de l'histoire qu'il raconte, des modes d'écriture qui sont l'analogon des modes de fonctionnement de la défense et de la pulsion.

Certains sujets, bien sûr, « projettent » ce qu'ils refusent d'être dans l'histoire T.A.T. Mais ceci doit alors leur être imputé comme leur mode personnel, leur réaction originale (sans doute proche de celles qu'ils utilisent devant leur vie fantasmatique et dans certaines circonstances de leur vie), leur manière « de s'en tirer » face à la surcharge des excitations.

La question que posent ensuite nos auteurs : « On pourrait même se demander si la technique projective ne suscite pas de façon élective le mécanisme de projection du “ mauvais ” au-dehors » (*ibid.,* p. 65), devrait alors recevoir une réponse extrêmement nuancée : les techniques projectives favorisent en effet ce mode de réaction, ainsi que d'autres procédés de fonctionnement de type primitif, pour reprendre le terme de Freud. Mais chez les sujets dont il est coutume de dire que le fonctionnement psychique est organisé dans le champ névrotique, ces procédés sont recouverts par d'autres, nettement plus économiques, et ils n'apparaissent clairement que dans les protocoles des sujets à mode psychotique de fonctionnement ou à fonctionnement narcissique, dépressif, limite.

Nous nous rapprochons, pour notre part, de la position de D. Anzieu et C. Chabert (1983, p. 20) : « A un second stade, Freud procède à un élargissement qui contient en germe les techniques projectives. »

S'appuyant sur un passage du dernier chapitre de la *Psychopathologie de la vie quotidienne,* intitulé « Croyance au hasard et superstition » :

> « Je pense en effet que pour une bonne part, la conception mythologique du monde... n'est autre chose qu'une psychologie projetée dans le monde extérieur... »,

ils ajoutent :

> « Ce texte indique la filiation des deux sens du mot projection et fait résider l'essence de la projection dans le déplacement. La projection conserve le contenu du sentiment inconscient en déplaçant l'objet de ce sentiment » (*ibid.*, p. 21).

LA PROJECTION, MODE DE CONNAISSANCE : L'ÉCRAN PROJECTIF, L'ÉCRAN DU RÊVE

En ce sens, la projection devient connaissance potentielle « du sentiment inconscient ». Laplanche et Pontalis, dans l'article du *Vocabulaire de la Psychanalyse* (1967, p. 346) que nous analysons évoquent, eux aussi, le *caractère normal* pour Freud du mécanisme de projection, par exemple dans la superstition, la mythologie, l'animisme :

> « L'obscure connaissance[1] » (pour ainsi dire, la perception endopsychique) des facteurs psychiques et des relations qui existent dans l'inconscient se reflète [...] dans la construction d'une réalité supra-sensible qui doit être retransformée par la science en psychologie de l'inconscient » *(Psychopathologie de la vie quotidienne).*

La projection, dans ce sens large dit « normal », permettrait la mise en images ou mise en scène, la mise en mots et mise en sens d'une obscure connaissance, d'une perception endopsychique. Elle serait constitution d'un espace d'élaboration psychique, d'un écran de projection.

Dans *Totem et tabou* (Freud, 1912), la notion de projection apparaît d'abord à l'occasion d'un travail de compréhension de la crainte du mort chez le primitif et de la mise en évidence de l'ambivalence. Bien classiquement, elle est repérée comme processus défensif :

> « [Ce sentiment] est extériorisé, attribué au mort lui-même. C'est là un processus de défense que nous appelons, dans la vie psychique aussi bien normale que pathologique, projection » (*ibid.*, p. 75).

1. Leur traduction.

Et un peu plus loin :

> « L'hostilité, *dont on ne sait rien et dont on ne veut rien savoir*[1], est projetée de la perception interne dans le monde extérieur, c'est-à-dire détachée de la personne même qui l'éprouve pour être attribuée à une autre » (*ibid.*, p. 75).

Mais Freud ne s'en tient pas là et, tout de suite après, propose une toute autre perspective, plus fondamentale, originaire :

> « Mais la projection n'est pas uniquement un moyen de défense ; on l'observe également *dans des cas où il n'est pas question de conflit*[2]. La projection en dehors des perceptions intérieures est un mécanisme primitif, auquel sont soumises également nos perceptions sensorielles par exemple, et qui joue par conséquent *un rôle capital dans notre mode de représentation du monde extérieur*[1]. Dans des conditions encore insuffisamment élucidées, nos perceptions intérieures des processus affectifs et intellectuels sont comme des perceptions sensorielles, projetées au-dehors et utilisées pour la formation du monde extérieur, au lieu de rester localisées dans notre monde intérieur. Au point de vue génétique, cela s'explique peut-être par le fait que primitivement la fonction de l'attention s'exerce non sur le monde intérieur, mais sur les excitations venant du monde extérieur, et [qu'elle ne perçoit des processus " endopsychiques " que le plaisir et le déplaisir. C'est seulement avec le parachèvement (Ausbildung) d'un langage de pensée abstrait (einer abstrakten Denksprache) grâce à la liaison des restes sensoriels des représentations de mots avec les processus internes que ceux-ci peuvent peu à peu être susceptibles de perception][3]. C'est ainsi que les hommes ont construit leur image du monde, en projetant au-dehors leurs perceptions internes » (*ibid.*, p. 78-79).

Et Freud d'ajouter, dans la perspective d'une compréhension de l'animisme :

> « Ce que nous projetons ainsi, tout comme le primitif, dans la réalité extérieure, ne peut guère être autre chose que la connaissance que nous avons qu'*à coté d'un état*[4] dans lequel une chose est perçue par les sens et par la conscience, c'est-à-dire à côté d'un état où une chose donnée est présente, il existe un autre état dans lequel cette même chose n'est que latente, tout en pouvant redevenir présente » (*ibid.*, p. 109).

C'est la même pensée que nous retrouvons, cinq ans plus tard, chez le Freud du *Complément métapsychologique à la théorie du rêve* :

> « A la place de la renvendication interne qui voulait qu'on s'occupe d'elle, un événement externe est survenu dont la revendication a été liquidée. Un rêve est donc aussi une projection, l'extériorisation d'un processus interne » (Freud, 1917, p. 128).

1. Souligné par nous.
2. Souligné par nous.
3. Entre crochets : notre traduction.
4. Souligné par nous.

Ce modèle permet de pousser plus avant la compréhension du processus-T.A.T.[1].

On se rappelle que V. Shentoub elle-même soulignait l'utilisation discutable du terme de « contenu latent de la planche[2] ». Extrapolé du champ psychanalytique, il prenait dans le champ de la situation projective un sens nouveau : fantasmatique universelle sous-jacente au contenu manifeste du dessin et non plus expression individuelle inconsciente que dit/déguise le manifeste du discours d'un sujet. Nous dirions volontiers, dans le prolongement de ce travail sur le rêve comme projection, que le contenu manifeste de la planche agit comme un reste diurne.

Nous savons que sans celui-ci, et l'écho qu'il suscite dans l'inconscient, il n'y aurait pas de rêve. Plus précisément, nous dit Freud (1917) dans *Le complément métapsychologique à la théorie du rêve,* ce qui pousse le rêve à se produire, ce qui suscite, exige son déploiement, ce sont les restes diurnes, les pensées de la veille qui ont gardé leur investissement (malgré le désinvestissement qu'a inauguré le sommeil), et qui appartiennent au système préconscient. Mais aussi, « ces restes diurnes, s'ils veulent se mettre au rang des formateurs du rêve, doivent recevoir un renforcement, qui trouve sa source dans les motions pulsionnelles inconscientes » (Freud, 1917, p. 129).

On peut faire l'hypothèse d'un processus analogue à l'œuvre dans le T.A.T. : la planche agit comme un reste diurne, en étant annexée, phagocytée par la motion pulsionnelle inconsciente, œdipienne, avec laquelle elle est entrée en résonance. Freud écrit quelques pages plus loin :

> « Il en résulte le même pas décisif dans la formation du rêve : le désir préconscient du rêve est formé, *qui donne expression* à la motion inconsciente *dans le matériel* des restes diurnes préconscients[3]. »

1. Nous revenons ici avec quelque inquiétude aux tendances même des premiers interprètes du T.A.T. Certains de ceux-ci, nous l'avons vu, — et Piotrowski (1950) en serait un des représentants les plus brillants — traitaient le texte de T.A.T. comme un rêve et le travaillaient sur le même mode que celui de leur pratique psychanalytique. On considère classiquement qu'avec Holt (1958, 1960), ses successeurs, et l'impact de la *Psychologie du Moi* sur la lecture du T.A.T., le déplacement de l'intérêt de l'interprète du contenu à la forme (*How was this story told ?*) (Schafer, 1958) entraîna l'interprétation projective dans un formidable bond en avant. V. Shentoub en apporta la stimulation en France, avant d'y trouver pour elle-même le terreau d'où allait naître sa théorisation. Je voudrais préciser ici que ce retour aux sources, pour important qu'il me paraisse, revêt un sens tout à fait différent dans l'après-coup : il s'agit de promouvoir un intérêt à d'autres facteurs formels qu'à l'organisation de l'histoire, traduction du mouvement de la pulsion et de la défense, et non de revenir à une pure et simple écoute du contenu, traîté comme un contenu onirique.
2. Cf. page 17.
3. *Ibid.*, p. 132. Souligné par nous.

Au T.A.T., comme au Rorschach, « l'expression » qui est donnée à la motion inconsciente doit passer par le contenu de la planche. Dans le vocabulaire habituel au T.A.T., l'histoire construite doit être « à bonne distance » du contenu latent de la planche et s'y ressourcer, donc en laisser transparaître, suffisamment voilée quoique très présente, la résonance fantasmatique. Le désir préconscient, dit Freud, « donne expression ». *Mutatis mutandis,* la planche T.A.T. sert ici d'écran de projection où apparaît la motion pulsionnelle autrement obligée au silence. Elle y trouve expression.

Si la suite de l'article de Freud importe moins à notre recherche, c'est qu'en fait, dans le rêve le processus aboutit à l'hallucination, par « une voie rétrograde » (*ibid.,* p. 134), voie rétrograde dont la domination ne s'établira pas aussi fortement dans le processus projectif. « L'écran de la planche » structuré lui de manière plus ou moins précise (le processus est le même pour le Rorschach) donne une expression privilégiée au mouvement violemment mis en route et permet d'en liquider la revendication.

IMPORTANCE DU MOMENT PERCEPTIF

Aussi est-ce la perception de la planche qui apparaît ici comme un temps important.

> « Le Moi envoie [...] dans le système perceptif des petites quantités d'investissements, grâce auxquelles il déguste les stimuli externes, pour se retirer après chacune de ces incursions " tâtonnantes " », dit Freud, dans *La dénégation* (Freud, 1925 *a,* p. 6).

Mais cela après avoir remarqué que ce même Moi développait son fonctionnement selon un certain processus : il n'aurait importé pour lui d'abord que de savoir « si une chose (objet de satisfaction) possède la " bonne " qualité et mérite son admission dans le Moi » (*ibid.,* p. 4). Puis ensuite de savoir aussi « si elle est présente dans le monde extérieur », et « non de trouver dans la perception réelle, un objet correspondant au représenter, *mais de le retrouver, de se convaincre qu'il est encore présent*[1] » (*ibid.,* p. 5).

Nous reconnaissons, dans cet intérêt pour le mouvement perceptif,

1. Souligné par nous.

une tradition de la pratique des tests projectifs aux U.S.A. V. Shentoub en témoignait dans ses premiers articles. En 1958, elle cite Bellak :

> « Même pour Freud, cette notion [la projection] avait un sens plus large, celui d'un processus perceptif général, dans lequel toute perception significative contemporaine est organisée par des traces de mémoire des perceptions antérieures » (Shentoub, Rausch, 1958, p. 238).

La centration de son intérêt sur l'organisation formelle de l'histoire a relégué ensuite au deuxième plan ce qui avait été pour elle, avant tout, un argument heuristique dans la recherche de validation du T.A.T. (Shentoub-Shentoub, 1958). Cette même tradition est restée, par contre, très vivante pour le Rorschach. Elle a nourri la réflexion de N. Rausch de Traubenberg (1978, 1981) sur la dialectique percept/fantasme. Le développement de ses travaux et son intérêt actuel pour la représentation de soi au Rorschach (Rausch de Traubenberg, 1981) témoigne de la richesse d'une telle attention au moment perceptif dans la situation projective.

Nous souhaiterions, pour notre part, reprendre cette référence théorique. Elle permettrait la sensibilisation du psychologue clinicien à une dimension en partie négligée (repérée seulement dans certains facteurs E de la fiche de dépouillement du T.A.T.) : chaque sujet perçoit la planche en investissant préférentiellement certains types d'éléments. Les fantasmatiques de type névrotique amènent le sujet à privilégier certains éléments du contenu manifeste (partageables et partagés)[1]. Elles se coulent facilement, sinon sans angoisse, dans la mise en scène conflictualisée de personnages en situation, mise en scène que suscitent des planches, rappelons-le, saturées d'éléments qui résonnent à la fantasmatique œdipienne.

Les fonctionnements psychotiques, repérées classiquement à travers l'échec de l'élaboration secondaire de l'histoire, trouvent cliniquement leurs différenciation, non seulement dans des repérages de formes de discours (items 7 à 17 de la grille E), mais aussi dans des altérations du percevoir, la prégnance des fantasmes inconscients rendant difficulteuse leur appréhension de la réalité (items 1 à 6 et 18 à 21 de la grille E).

Mais nous pourrons aussi repérer des protocoles où le récit reste cohérent, « lisible », tout à fait partageable, suscitant même parfois une empathie immédiate. Les éléments du contenu manifeste investis par le sujet y sont cependant inhabituels : sensibilité exacerbée aux alternances, au vide, à la sensorialité, au mouvement, aux limites et aux

1. Nous renvoyons sur ce point aux recherches de V. Shentoub sur le thème banal.

contours, etc., « signes » sans doutes primitifs et qui continuent à organiser (ou organisent de nouveau) leur penser bien après le temps de leur émergence. Leur manière même de percevoir n'est pas orientée par la conflictualisation inhérente à la mise en scène du scénario fantasmatique liant la pulsion et l'effort défensif. Elle laisse apparaître des clivages, des dénis, des scotomes, des mouvements d'identification projective et de projection, des colorations du monde en termes de « bon » et de « mauvais », logique d'avant la logique, traces restées vivantes des premières mises en sens du monde externe.

LA « CONNAISSANCE PARANOÏAQUE »

Projection, mouvement d'extériorisation ; tout en soumettant le sujet à une incontournable illusion, elle traite le dedans comme le dehors, le soumet à l'attention et le rend susceptible — autant sans doute que de connaissance » d'*être objet de liaison, de travail de pensée.*

Comme le dit Freud dans *La (dé)négation*:

> « Cet ajournement par la pensée — ajournement qui portera donc d'abord sur la tendance primaire à vivre un “ c'est bon, c'est moi ”, “ c'est mauvais, c'est dehors, je rejette, je vomis ”, nous avons vu qu'il s'agissait là des seules perceptions endopsychiques que pouvait reconnaître la psyché — j'en ai déjà traité ailleurs. Il faut le considérer comme une action d'épreuve, un tâtonnement moteur, ne nécessitant que des dépenses réduites en décharge. Réfléchissons : où le Moi a-t-il mis en œuvre auparavant un tel tâtonnement, où a-t-il acquis la technique qu'il applique à présent dans les processus de pensée ? Cela s'est produit à l'extrémité sensorielle de l'appareil psychique, dans les perceptions des sens. En effet, selon notre hypothèse, la perception n'est pas un processus purement passif, mais le Moi envoie périodiquement dans le système perceptif de petites quantités d'investissement, grâce auxquelles il déguste les excitations externes, pour se retirer après chacune de ces incursions tâtonnantes » (Freud, 1925 *a*, p. 6).

Projection, processus interne, qui, « avant que les représentations d'un langage du penser abstrait » ne s'y ajoutent, constitue le seul mode de connaissance de l'humain, sur le modèle de la perception sensorielle.

Cela ne va pas sans évoquer un passage du *Projet* de 1895, particulièrement parlant :

> « Supposons que l'objet perçu soit semblable (au sujet qui perçoit), c'est-à-dire un être humain. L'intérêt théorique qu'il suscite s'explique encore par le fait que c'est un objet du même ordre qui a apporté au sujet sa première satisfaction (et aussi son premier déplaisir) et qui fut

> pour lui la première puissance. L'éveil de la connaissance est donc dû à la perception d'autrui [...]. D'autres perceptions visuelles (par exemple, les mouvements de la main) rappelleront au sujet les impressions visuelles que lui ont causées les mouvements de sa propre main, impressions auxquelles seront associés les souvenirs d'autres mouvements encore. Il en sera de même pour d'autres perceptions de l'objet. Ainsi, lorsque celui-ci crie, le sujet se souvient de ses propres cris et revit ses propres expériences douloureuses. Le complexe d'autrui se divise donc en deux parties, l'une donnant une impression de structure permanente et restant un tout cohérent, tandis que l'autre peut être *comprise*[1] grâce à une activité mnémonique, c'est-à-dire attribuée à une annonce que le propre corps du sujet lui fait parvenir » (Freud, 1985, p. 348-349).

Arrêtons-nous sur cette compréhension de type projective, cette « connaissance paranoïaque » (J. Lacan, 1949, p. 96 ; 1955, p. 428).

Ce dernier, travaillant justement la notion d'identification à travers le thème du « stade du miroir », en propose une approche qui prolonge le Freud que nous venons de citer :

> « Or, cette stagnation formelle (moment phénoménologique des conduites sociales qui se fixe " semblable en étrangeté à la figure des acteurs quand s'arrête de tourner le film ") est parente de la structure la plus générale de la connaissance humaine : *celle qui constitue le moi et les objets sous des attributs de permanence, d'identité et de substantialité*[2] bref sous forme d'entités ou de " choses " » (Lacan, 1948, p. 111).

> « (...) Connaissance paranoïaque. En comprenant sous ce terme une structure fondamentale de ces phénomènes, j'ai voulu désigner, sinon son équivalence, du moins sa parenté avec une forme de relation au monde d'une portée toute particulière. Il s'agit de la réaction qui, reconnue par les psychiatres, a été généralisée à la psychologie sous le nom de transitivisme. Cette réaction, en effet, pour ne s'éliminer jamais complètemlent du monde de l'homme, dans ses formes les plus idéalisées, se manifeste d'abord comme la matrice de l'Urbild du Moi[3] » (Lacan, 1946, p. 180-181).

C'est dans un texte très ancien de J. Lacan que nous trouvons un exemple de ce mouvement :

> « Pour comprendre cette structure, qu'on s'arrête un instant à l'enfant qui se donne en spectacle et à celui qui le suit du regard (il est question de deux tout-petits) : quel est le plus spectateur ? Ou bien qu'on observe l'enfant qui prodigue envers un autre ses tentatives de séduction : où est le séducteur ? Enfin de l'enfant qui jouit des preuves de la domination qu'il exerce, et de celui qui se complaît à s'y soumettre, qu'on se demande quel est le plus asservi. Ici se réalise ce paradoxe : que chaque

1. Souligné par nous.
2. Souligné par nous.
3. « Urbild » : « prototype » (notre traduction).

> partenaire confond la partie de l'autre avec la sienne propre et s'identifie à lui. Mais qu'il peut soutenir ce rapport sur une participation proprement insignifiante de cet autre, et vivre alors toute la situation à lui seul (...) » (Lacan, 1938, p. 9).

Et plus loin :

> « Notons aussi que cette intrusion primordiale fait comprendre toute projection du moi-constitué, qu'elle se manifeste comme mythomaniaque chez l'enfant dont l'intensification personnelle vacille encore, comme transitiviste chez le paranoïaque dont le moi régresse à un stade archaïque, ou comme compréhensive quand elle est intégrée dans un moi normal » (*ibid.*, p. 10).

Processus à l'origine des capacités d'empathie, très présent dans l'intuition compréhensive d'autrui, mais aussi :

> « condition même qui étend indéfiniment le monde (de l'homme) et sa puissance, en donnant à ses objets leur polyvalence instrumentale et leur polyphonie symbolique » (*ibid.*, p. 111).

Il semble que Freud n'ait guère repris ultérieurement cette idée, sinon peut-être dans le concept d'identification primaire [1]. Laplanche et Pontalis (1967, p. 193) proposent, en montrant d'ailleurs la différence très précise entre ces termes et l'identification projective de M. Klein, les mots d'identification centripète et d'identification centrifuge [2] pour dénoter ce mouvement conjoint de projection et d'identification constitutifs du monde interne. Ces termes ne semblent pas avoir pris place dans l'usage courant.

Le terme d'identification centrifuge, cependant, recouvre précisément l'acception du mouvement projectif que nous tentons de cerner. Il ne s'agit pas seulement d'expulser un contenu représentatif ou un affect intolérable. Mais une représentation du mouvement du désir s'y constitue, qui va concourir au déploiement de l'activité fantasmatique. S'y constitue aussi une image identificatoire, une représentation à se donner comme Moi.

1. Ce terme n'apparaît chez Freud qu'avec *Le Moi et le Ça* (1923, p. 243) et comme mode d'identification au père (éventuellement aux parents), avant que soit reconnue la différence des sexes. Elle est définie par lui comme « la forme la plus précoce et la plus originaire du lien affectif. Identification directe et immédiate qui se situe antérieurement à tout investissement d'objet » (*ibid.*, p. 243). Elle semble en effet pouvoir être contemporaine des mouvements de projection et d'introjection.

2. « Identification centripète, où le sujet identifie sa personne propre à un autre, *identification centrifuge, où le sujet identifie l'autre à sa personne propre* » (Laplanche et Pontalis, 1967, p. 188) (souligné par nous).

Notre hypothèse — le T.A.T. comme mise à l'épreuve du fantasme — implique que le psychologue soit attentif non seulement à l'organisation du fantasme telle qu'elle se donne à entendre dans sa traduction discursive, mais aussi au matériau du fantasme, à ce qui se donne comme « représentants » des objets et de soi, à la fermeté de leur investissement ou à leur évanescence.

6 « Jouer ou créer ». Le miroir de l'œuvre

« Bien des choses qui, si elles étaient réelles, ne sauraient provoquer du plaisir, y parviennent cependant dans le jeu de la fantaisie, et bien des émotions, en elles-mêmes pénibles, peuvent devenir une source de jouissance. »
(S. Freud, *La création littéraire et le rêve éveillé.* 1908, p. 71)

« ... S'instaurent dans le psychisme les images qui informent les unités les plus vastes du comportement : images auxquelles *le sujet s'identifie tour à tour pour jouer, unique acteur, le drame de leurs conflits*[1]. Cette comédie, située par le génie de l'espèce sous le signe du rêve et des larmes, est une commedia dell'arte, en ce que chaque individu l'improvise et la rend médiocre ou hautement expressive, selon ses dons certes, mais aussi selon une loi paradoxale qui semble montrer la fécondité psychique de toute insuffisance vitale. Commedia dell'arte encore, en ce qu'elle se joue selon un canevas typique et des rôles traditionnels. On peut y reconnaître les personnages même qu'ont typifié le folklore, les contes, le théâtre pour l'enfant ou pour l'adulte : l'ogresse, le fouettard, l'Harpagon, le père noble, que les complexes expriment sous des noms savants ; *on reconnaîtra dans une image où nous mènera l'autre versant de ce travail, la figure de l'arlequin.* »
(J. Lacan, « Au-delà du principe de réalité » *Écrits,* 1966, p. 90)

1. Souligné par nous.

HISTOIRE-T.A.T. — « CRÉATION LITTÉRAIRE ET RÊVE ÉVEILLÉ » — (FREUD ET LA FANTAISIE)

Mouvement projectif : organisation du choix perceptif en fonction du fantasmer sous-jacent, repérage dans les figures de l'autre de ses propres éprouvés. La tension pulsionnelle, disposant ainsi de ses modes d'expression, représentants et affects proposés par le contenu manifeste de la planche, va, nous l'avons vu avec V. Shentoub, trouver décharge à travers l'expression du fantasme dans le récit.

Dans *La création littéraire et le rêve éveillé,* Freud propose un modèle bien proche de celui que nous avons élaboré jusqu'ici, et tout à fait pertinent à la situation-T.A.T. :

> « Les rapports du fantasme[1] au temps sont d'ailleurs des plus significatifs. Un fantasme flotte pour ainsi dire entre trois temps, les trois moments temporels de notre faculté représentative. Le travail psychique part d'une impression actuelle, d'une occasion offerte par le présent, capable d'éveiller un des grands désirs du sujet ; de là, il s'étend au souvenir d'un événement d'autrefois, le plus souvent infantile, dans lequel ce désir était réalisé ; il édifie alors une situation en rapport avec l'avenir et qui se présente sous forme de réalisation de ce désir, c'est là le rêve éveillé ou le fantasme[1], qui porte les traces de son origine : occasion présente et souvenir. Ainsi passé, présent et futur s'échelonnent au long du fil continu du désir » (Freud, 1908, p. 74).

Freud développe quelques pages plus loin :

> « Un événement intense et actuel éveille chez le créateur le souvenir d'un événement plus ancien, le plus souvent un événement d'enfance » (*ibid.*, p. 79).

Voilà bien le premier temps du processus-T.A.T., l'événement intense et actuel étant l'offre de la planche par le psychologue et la résonance perceptive du sujet à sa fantasmatique sous-jacente.

> « De cet événement primitif dérive le désir qui trouve à se réaliser dans l'œuvre littéraire » (et selon nous dans l'histoire-T.A.T.). *On peut reconnaître dans l'œuvre elle-même aussi bien des éléments de l'impression actuelle que de l'ancien souvenir. »*

Et Freud d'ajouter :

> « L'œuvre littéraire comme le rêve diurne serait la continuation et un substitut du jeu enfantin d'autrefois » (*ibid.*, p. 79).

---

1. Freud emploie ici le terme de « Phantasie ». La traduction « fantaisie » nous aurait semblé préférable.

Nous avons vu, dans notre première partie, que V. Shentoub, s'appuyant sur une conception privilégiant le Moi et son effort défensif, avait été amenée par l'évolution de ses travaux très près de cette idée de jeu, sans exploiter encore sa richesse heuristique. Sa méthodologie reste adéquate à une telle compréhension : l'histoire-T.A.T. est interprétée comme récit communicable, dérive socialisée d'une fantaisie organisée par l'Œdipe. Bien sûr le sujet en test n'est pas forcément poète ou génie. Mais Freud précise bien qu'il a plus encore présent à l'esprit, en écrivant cet article, l'auteur du « roman de colportage », du roman populaire qui a tant de lecteurs : « rêveur en plein jour », dira-t-il de lui, il met en scène un héros sur lequel va se concentrer l'intérêt (*ibid.*, p. 76) et à ce héros pourrait s'adresser ces paroles : « Es kann dir nix g'schehen[1]. »

> « On peut, je crois, sans peine reconnaître à cet indice d'invulnérabilité qui se trahit ainsi : *c'est sa majesté le Moi,* héros de tous les rêves diurnes, comme de tous les romans » (*ibid.*, p. 77).

Si Freud développe dans les paragraphes suivants ce qu'il vient d'avancer, c'est dans des termes curieusement proches de ceux que nous avons rencontrés jusqu'ici : ceux du clivage, d'abord, en bon et mauvais :

> « Si les autres personnages du roman se divisent en bons et en méchants, renonçant à ce caractère bigarré que les caractères humains nous offrent dans la réalité, c'est que les bons sont ceux qui viennent en aide au Moi, devenu le héros du roman, et les mauvais figurent ses ennemis et ses concurrents » (*ibid.*, p. 77).

Ceux d'interne et d'externe ensuite :

> « Dans un grand nombre de romans dits psychologiques, seul le héros toujours se trouve décrit du dedans. C'est dans son âme en quelque sorte que réside l'auteur, et c'est de là qu'il considère les autres personnages pour ainsi dire du dehors. »

Il note enfin la liberté que donne l'œuvre de fragmenter l'identification. On peut ainsi y repérer :

> « La tendance de l'auteur moderne à scinder son Moi (...) en Moi partiels, ce qui l'amène à personnifier en héros divers les courants qui se heurtent dans sa vie psychique » (*ibid.*, p. 78).

Le (les) héros du roman, le (les) héros de l'histoire-T.A.T. sont l'expression d'autant d'identifications. Liberté est donnée au sujet,

1. « Il ne peut rien t'arriver », traduit Freud.

comme à l'enfant dans son jeu, de tenir pour lui-même le miroir de l'œuvre. Il s'y verra prendre plaisir aux scénarios fantasmatiques les plus divers qui s'évoquent en lui, grâce à la complicité et même la justification qu'offre à son Moi l'exigence de la consigne du test.

Mais cette liberté implique qu'il puisse *« mettre en scène »*, sans effondrement de son activité psychique, et se situer comme spectateur, spectateur de son propre fantasme. A-t-il pu prendre cette place de spectateur dans la mise en scène primordiale, celle de la scène primitive ? On sait qu'il s'agit là de quelque chose que le psychotique ne peut pas faire, l'excitation débordant à ce moment-là pour lui toute possibilité d'élaboration, même fantasmée, et envahissant son monde psychique. Il ne s'agit plus alors pour le sujet que d'organiser dans l'urgence une autre théorie de l'origine, qui donne un sens à ce qui ne peut autrement que rester insensé.

Pour d'autres sujets, il ne s'agira pas de « mise en scène », où ils se donneraient à voir un mouvement pulsionnel vers un objet investi, même déplacé, déguisé, contrecarré, dénié. Mais bien plutôt ils se constituent comme témoins de leurs propres éprouvés, dans une *« mise en tableau »* dont la répétition, elle aussi compulsive, témoigne de la radicalité de la défense devant la sexualité. Mais témoigne peut-être autant de l'insuffisante sécurité qu'ils vivent dans leur perception de la réalité interne ! Perception toujours taraudée, toujours mise en doute et perpétuellement à re-soutenir, son élaboration n'en ayant pas, pensons-nous, été suffisante.

LE T.A.T., MISE A L'ÉPREUVE DU PENSER-FANTASMER

Plaisir à fantasmer, à mettre en scène, à créer un monde et à l'extérioriser, éventuellement à le faire partager, c'est là, à notre avis, la caractéristique essentielle de la situation-T.A.T.

Plaisir dont nous avons vu le versant objectal en réfléchissant à la relation de test et aux positions réciproques de séduction qu'elle implique chez le testeur et le testé dans le partage (sublimatoire ?) du fantasme[1]. Plaisir organisé dans « le système psychique fermé » qu'est la situation de test, à l'instar du jeu infantile :

1. Cf. chapitre 4.

> « Il est moins facile [écrit Freud dans le texte déjà cité] d'observer le travail de la fantaisie chez les hommes que le jeu chez les enfants. L'enfant aussi ne joue certes que pour lui seul, ou bien il organise avec d'autres enfants *un système psychique fermé*[1] en vue du jeu... » (*ibid.*, p. 72).

Plaisir que l'on peut qualifier en même temps de narcissique, et cela à plusieurs niveaux :

— Bien superficiellement, le sujet en test apparaît à lui-même comme créateur de son propre monde, retrouvant la toute-puissance et l'autarcie de son rêve narcissique, de ses rêveries diurnes et de ses jeux d'enfant.

— Tout autant, sans doute, importent la maîtrise de l'excitation pulsionnelle, sa décharge à travers l'élaboration d'une histoire cohérente, le fait que ce qui pourrait n'être qu'une rêverie diurne acquiert le statut d'une mini-œuvre adressée à un destinataire privilégié ; à côté en effet des relations aux imagos dont le psychologue aura à supporter le transfert (dans le sens courant du terme) — tel que les travaux de R. Schafer en partie évoqués par R. Durand de Bousingen en 1963 l'ont mis en évidence —, il a aussi à vivre, nous l'avons vu, d'être le « destinataire » accueillant — et même demandeur — de l'histoire. Il est vécu comme un double narcissique, plus ou moins gratifiant. Son silence, une fois de plus, confronte le sujet en test à la fragilité de son estime de soi ou à la solidité de son propre investissement narcissique[2].

— L'expérience T.A.T. est aussi, pour celui qui s'y soumet, rencontre de ses propres exigences pulsionnelles et de la nécessité qu'elles impliquent de la présence de l'autre. Les ruptures de l'élaboration et la montée de l'angoisse que suscite la surcharge d'excitation des fantasmes de désir (qui lient l'exigence pulsionnelle à des relations et à des objets privilégiés) entraîne en soi une blessure narcissique.

Vécue en termes d'angoisse de castration, elle s'intègre dans l'ensemble de la stimulation pulsionnelle de la situation-T.A.T., envisageable, comme nous l'avons vu, en termes œdipiens. Elle mobilise l'activité défensive, conformément aux schémes mis en évidence par V. Shentoub.

Mais d'autres sujets la vivent non pas comme risque de manque à jouir, mais bien en termes de risque vital dont il convient à tout prix de se prémunir. Il leur faut refuser toute sexualité objectale, « trouble-

1. Souligné par nous.
2. Dans certains T.A.T., l'expression de ce vécu prend le devant de la scène à la planche 16. Faute d'un écran extérieur, il est exprimé quasi directement et avec une lucidité saisissante, et du même coup piégeante pour l'interprétation.

fête » (!) dans une vie déjà difficile, et repousser tout lien à l'objet dans le mouvement caricaturé de la défense antidépressive (Brelet, 1981, p. 34).

— Pour certains, enfin, la mise en cause est encore plus radicale. Ils sont renvoyés à leur monde psychique, informateur, nous l'avons vu, de leur perception des planches et seule source du récit[1]. Ils cherchent à tout prix, dans la situation-test, les preuves *externes* de la validité de leur penser/fantasmer, l'assurance, répétée au-dehors, qu'un dire les choses, qu'un penser les choses, qu'un pensable, qu'un dicible ne leur manquera pas ; il leur faut trouver, *dans la réalité externe, des étais* à leurs identifications, à leurs perceptions de la réalité interne (des « projections »), étais dont la nécessité impérative les protège seul de l'effondrement. Cet effondrement les menace toujours, eux qui n'ont pas pu, comme le dit Winnicott (1958), se donner un monde interne suffisamment solide pour disposer désormais de « la capacité d'être seul ».

1. En ce sens, la déprivation de la situation projective, qui laisse le sujet sans autre possibilité que de faire appel aux représentations de son monde interne, pour « lier » la surcharge d'excitation pulsionnelle, est aussi perturbante, pour ce type de sujet, que la « déréalisation » liée au protocole de la situation analytique.

TROISIÈME PARTIE

CLINIQUE

Les classifications que nous proposons ici, comme nous le verrons tout au long de ces trois chapitres, sont arbitraires. Elles tendent à présenter des séquences d'organisation de l'histoire qui soient rapprochables entre elles et qui aient valeur d'exemple. Le travail clinique que nous avons poursuivi ces dernières années nous a montré que ces séquences *s'enchevêtrent,* parfois dans la même histoire, la plupart du temps dans le même protocole. Ce sont des manières de répondre à la situation de test qui spécifient un registre global de réactions à la mise à l'épreuve du fantasmer que constitue le T.A.T. Le protocole de Tristan, dont nous donnerons en chapitre 10 l'analyse détaillée, est exemplaire à ce titre.

Il reste que chacune de ces séquences représente une *tonalité* particulière du registre de fonctionnement narcissique, dépressif et limite, *investie de manière préférentielle* par tel ou tel et qui donne son caractère dominant au protocole[1].

Nous pourrions trouver d'ailleurs, comme dans les autres contextes psychopathologiques, des « moments » de ce type dans n'importe quel autre T.A.T., de facture plus névrotique ou plus psychotique.

1. Comme la tonalité « labile » ou « contrôle » peut, associée aux autres mouvements mais utilisée de manière plus habituelle et plus ferme, colorer tel ou tel protocole dans le champ névrotique.

Introduction

Les mouvements de projection et d'identification concourent, nous l'avons vu, à la stabilisation du monde interne, des « représentants » du Soi et des objets. Ces mêmes mouvements sont réinvestis dans la situation-T.A.T. Lorsque le monde interne est solide, ils sont recouverts par l'organisation œdipienne du fantasme : n'apparaissent dans le récit que le jeu du plaisir et de l'angoisse — les rires et les larmes de la commedia dell'arte[1] —, les personnages de l'autre scène, du théâtre de l'interdit[2].

Choix perceptifs moins habituels et investissement désespéré de la « réalité » externe, scénarios fantasmatiques au jeu déformé, inflation des lieux identificatoires ou fragilité de leurs appuis : autant de caractères qui vont permettre, comme nous en avons proposé l'hypothèse, de rendre compte de l'élaboration d'histoires-T.A.T. tout à fait différentes de celles qu'organise la conflictualisation névrotique et que les travaux de V. Shentoub nous ont appris à interpréter.

La poussée pulsionnelle y est moins bien canalisée par l'élaboration secondaire, et l'effort de la défense moins central. Les objets, les identifications et leur lien fantasmatique — le monde interne du sujet —, interrogés par la situation-T.A.T., n'en supportent pas la mise à l'épreuve. Leur vacillement, et parfois leur éclipse, apparaissent lors du décodage du protocole. Des formes de langage plus tolérantes aux processus primaires émaillent le récit, sans que sa capacité à transmettre un sens ou le contrôle de la réalité ne s'effondrent avec elles, comme dans le vécu psychotique.

Les protocoles que nous allons travailler dans cette troisième partie laissent apparaître, presque à ciel ouvert, ce monde interne fragile. Sou-

---

1. Cf. Lacan, cité plus haut, page 78.
2. Joyce Mac Dougal.

cieuse d'écouter ce champ intermédiaire, dit ni névrotique ni psychotique, nous nous sommes attachée dans un tout premier temps de recherche (Brelet, 1981, 1983) à regrouper des protocoles de personnalités à difficultés narcissiques graves[1]. L'analyse de leurs récits mettait en évidence des sensibilités perceptives et des investissements fantasmatiques tout à fait particuliers. Mais en filigrane transparaissaient dans l'élaboration du récit des expressions proches de ce que Mélanie Klein (1934, 1940) considère comme défenses « maniaques », antidépressives. Une deuxième série de protocoles nous semblait alors à regrouper, collection de T.A.T. recueillis auprès de consultants « dépressifs », dont les éléments mélancoliques ou de décompensation dépressive névrotique n'étaient pas évidents. Nous avons enfin travaillé un troisième type de T.A.T. que la pratique nous amenait à rapprocher de ces deux premières séries. T.A.T. de malades hospitalisés que leur Rorschach et l'abord psychiatrique avaient situés comme états limites.

Nous sommes sensible à la difficulté que représente ce dernier diagnostic, dont la résonance est différente selon les cliniciens. Prépsychose, psychose non décompensée, limite entre névrose et psychose, fonctionnement particulier rapprochable des organisations narcissiques (Kernberg, 1975), organisations-prothèses ou anorganisations (Bergeret, 1974) : nous n'aurons pas ici à prendre parti. Notre souci n'est pas en effet d'abord diagnostique, mais de mise en évidence de procédés d'élaboration de l'histoire, de choix perceptifs particuliers. La solidité ou la fragilité des objets internes, le plaisir ou l'aptitude à les « lier » dans un fantasme, le caractère disruptif, cru, peu métabolisé de certaines expressions fantasmatiques, sont autant de « marquages » facilement repérables dans ces protocoles, mais aussi présents, quoique plus discrets dans les deux autres séries de T.A.T. que nous avons étudiés.

Les trois prochains chapitres suivront le mouvement de notre recherche. Nous avons choisi de prendre nos exemples, pour chacune de ces séries, dans cinq protocoles.

Nous appellerons les personnalités à difficultés narcissiques par des prénoms commençant par N, les protocoles dépressifs seront attribués à

1. Nous remercions ici de nouveau le professeur D. Widlöcher et les psychologues du service de psychiatrie des adultes de l'hôpital de la Salpêtrière, pour leur contribution à ce recueil. La pertinence de leurs regroupements et l'éventail clinique élargi des protocoles qui nous ont été proposés ont permis l'avancement de ce travail.

des prénoms commençant par D et les fonctionnements limites verront leurs protocoles rapportés à des prénoms commençant par L.

Nous insisterons pour chaque protocole sur les caractéristiques dont la série est exemplaire. Mais nous ne pourrons éviter de nombreux recoupements. Nous nous autoriserons de ce fait à considérer ces trois séries de protocoles comme émanant de fonctionnements psychiques ayant des points communs auxquels le T.A.T. est particulièrement sensible : *la fragilité du fantasmer,* qu'il s'agisse des représentants de l'objet et du Soi (le processus identificatoire) ou du contenu psychique que serait la forme du penser.

L'analyse du protocole de Tristan fera l'objet du dernier chapitre. Elle nous permettra de repérer, dans *l'espace-temps* d'*une* situation de test, la dialectique entre ces différents procédés.

7 Traduction ou trahison : l'histoire « narcissique »

« L'activité mentale est narcissique dans la mesure où sa fonction consiste à maintenir la cohésion structurale, la stabilité temporelle et la coloration affective positive de la représentation de Soi. »

(Stolorow, cité par G. Rosolato, 1976, p. 11)

L'interprétation de l'histoire-T.A.T. en termes de conflit psychique devait buter sur la mise en évidence d'histoires totalement a-conflictuelles. Depuis longtemps déjà, cette fuite de l'engagement projectif dans la production de textes banals, où l'issue apparaissait comme plaquée, avait été repérée par les cliniciens. Le mouvement défensif qu'elles recouvraient, « inhibition », « conformisation », avait été rapproché — j'allais dire empiriquement — des mouvements d'arrêt, de sidération-fascination, qui révélaient ouvertement le piège phobique. Ce mouvement était compris comme concourant à la restriction réussie de l'engagement, à visée de protection quant à l'émergence des représentations phobogènes. Le travail de R. Debray (1978, 1983), que nous reprendrons plus longuement un peu plus loin, mettait déjà en évidence que cette « pauvreté » pouvait être plus qu'apparente et être comprise comme conséquence d'un fonctionnement « irrégulier », « en mosaïque »[1], étudié par l'approche psychosomatique : peu de choses à voir avec la restric-

1. Manque de vigueur fonctionnelle, de stabilité des compromis défensifs mentaux.

tion phobique. Plus question de trahison de l'expression pulsionnelle, de défense contre l'émergence sexualisée ; c'était de traduction immédiate d'un mode d'exister qu'il s'agissait, lisible à travers la manière même dont le sujet développait l'histoire[1]. Parce qu'il ne parlait pas comme nous, devions-nous dire qu'il parlait plus mal ? Sa manière « opératoire » de réagir à la proposition de la planche impliquait-elle forcément la répression de la pulsion et la défense devant la sexualité ?

LE STYLE NARCISSIQUE

Un investissement fantasmatique particulier : « la mise en tableau »

La question, trahison ou traduction, allait se poser avec autant d'acuité pour ce qui fut appelé l'histoire (ou la séquence d'histoire) narcissique (Brelet, 1981). Il s'agissait, là encore, d'histoire a-conflictualisée. Mais cette fois, très loin d'être appauvrie par cet abrasement du conflit, elle pouvait se proposer comme riche et créative, « ronde et lisible », apporter un véritable plaisir au sujet qui l'exprimait. Quant au psychologue, il vivait devant ces T.A.T. une empathie facile avec la thématique proposée, thématique proche de la souffrance que vit l'humain en général. Une lecture quasi immédiate de ces histoires, pour certaines fort proches du contenu latent, lui permettait de « comprendre » son vis-à-vis, d'être touché par sa problématique, et de reconnaître l'expression d'une angoisse existentielle, d'une solitude et d'une souffrance qu'il n'avait qu'à répercuter, redire, sans même avoir à la décoder (à l'interpréter). Traduction ou trahison ?

Rappelons les caractéristiques de cette manière d'organiser l'histoire ou la séquence d'histoire. Elle se repère, nous venons de le dire, à travers la *production d'une histoire a-conflictualisée.* L'opposition entre le désir dans sa visée de l'objet et la défense qu'il suscite dans le même mouvement n'y apparaît pas. Devant la surcharge pulsionnelle que provoque la stimulation de la planche, le sujet en test n'investit pas un fantasme de désir, une « mise en scène » de la poussée vers l'objet, mais une « mise en tableau » de la représentation de soi, autrement dit la polarité « narcissique » de la vie fantasmatique.

1. Ou, plus justement, ne la développait pas.

L'investissement pulsionnel se répartit « normalement », rappelons-le, entre la représentation de l'objet (mobilisant la recherche dans le monde externe d'un objet « perçu » comme le même ou « pensé » identique) et les représentations de soi investies (Freud, 1914 a). Toute élaboration fantasmatique comporte les deux polarités du choix pulsionnel. Mais dans le cas qui nous occupe, la représentation de soi prend le devant de la scène. C'est d'elle qu'est tirée la jouissance, de sa mise en exergue, de son érection. C'est elle qui mobilise le mouvement de parole. Insistons de nouveau : dans tout T.A.T., à un moment quelconque de la dynamique du test — pas indifférent bien sûr — ce type de séquence peut apparaître. Repli de l'investissement sur la représentation de soi, l'investissement sexualisé de l'autre étant pour le moment trop anxiogène, réassurance peut-être devant l'angoisse de castration que réveille forcément la problématique œdipienne fortement sollicitée, ce mouvement, à valence défensive, permet au sujet de reprendre appui. Il peut avoir valeur « dégageante » à l'égal d'un mécanisme de défense plus classique. La construction de l'histoire poursuit alors cette partie de texte en l'assumant, en restant cohérente avec elle, et se permet la mise en scène, plus à distance, plus métaphorisée peut-être, de la visée pulsionnelle sous-jacente. Il s'agit là d'une stratégie qui nous est habituelle, d'un banal mouvement de va et vient, d'oscillation, de pulsation vitale dont on doit trouver trace dans tout T.A.T., au moins subtilement. En effet, la représentation de soi à investir, à l'inverse de la représentation de l'objet, ne souffre pas, lorsqu'elle est solide, très intégrée à des formulations marquées par l'Œdipe et par l'Idéal du Moi, de cette caractéristique de l'objet qui le fait toujours manquant. Elle se tisse tout au long du discours sans hypertrophie.

Mais c'est justement aux *fluctuations de cet investissement de la représentation de soi* que se trouve particulièrement sensible le T.A.T. S'il est envahi de telles histoires et non plus de petits moments séquentiels dans des histoires organisées autour du conflit pulsionnel, le protocole nous évoque un sujet dont le monde interne s'offre comme seulement — ou presque seulement — fait de multiples représentations de lui-même. Traduction ou trahison de son monde psychique ?

Dans de tels moments le sujet investit le psychologue, interlocuteur de la situation de test, comme un destinataire narcissique, un double. Ou comme celui qui sait et comprend, autre soi-même positif rencontré enfin dans la si longue quête qu'il menait (et ce leurre est particulièrement dangereux pour la suite de la situation de test). Cela peut apparaître comme une fuite de l'investissement de l'autre. Et notre contre-réaction, ici, nous amène facilement à des jugements de valeur qui nous protègent des effets de la négation radicale de notre existé qui sous-tend ce cas de figure.

Aussi aurons-nous à repérer soigneusement devant quelle planche, à la proposition de quel contenu latent, apparaît ce surinvestissement de la fantasmatique narcissique du sujet. A repérer aussi quelle est la qualité, la solidité des organisations conflictualisées de l'histoire qui précèdent ou suivent ces moments narcissiques. A noter enfin la positivité de ces mouvements, leur valeur trophique, la créativité qu'ils permettent. Ou au contraire être attentif à la fragilité inquiétante du mouvement narcissique, faisant tenir à bien grand-peine l'histoire « sur ses rails », histoire suivie ou caviardée d'émergences de processus primaires, de fantasmes crus. L'affect en grande quantité fait-il basculer la lisibilité de l'histoire, sa richesse et sa cohérence ? Ou ne donne-t-il ouverture qu'à des silences, des vides, des blancs, à des mouvements de pirouette, à des agirs que nous aurons, eux aussi, à comprendre ?

Chaque planche ne peut être entendue qu'en écho de ce qui s'est passé à la planche précédente. A plus forte raison aucune séquence de l'histoire ne doit être dissociée de la précédente ni de la suivante. On l'appréciera selon le dégagement ou au contraire le renforcement de l'effort défensif qu'elle suscite.

Lecture séquentielle seule admissible, le T.A.T. comme tout test d'ailleurs, et comme toute situation humaine, mettant en évidence un mouvement et devant donc, avant tout, être compris dans sa dynamique[1].

Sans doute est-il peu besoin de décrire les thématiques habituelles des séquences d'histoire ou des histoires à valence narcissique. Mise en tableau de l'existé du héros, celui-ci donné à voir au psychologue comme à soi-même — et bien plus à soi-même disions-nous dans un précédent article (Brelet, 1981) —, *l'éprouvé subjectif* est décrit avec parfois beaucoup de finesse et de subtilité. L'affect y est exprimé : parfois dramatisé, il serait alors très proche de l'expression labile ; mais il lui en manque la dimension essentielle, celle d'être partie prenante d'un conflit interne à traduction interpersonnelle repérable, perceptible au moins, et parfois caricaturé dans l'effort défensif. Beaucoup plus souvent notre partenaire évoque des affects nuancés, discrets, souvent touchants, au moins intéressants et riches. Parfois même nous écouterions des his-

1. Là se situe, à notre avis, le danger de certaines attitudes psychologiques : interpréter comme un état, comme une caractéristique stable d'un existé humain ce qui ne peut être entendu que comme mouvement, et mouvement vers un objet pulsionnel : « Je suis ceci ou cela (...) se révèle n'être qu'un jeu d'identifications à ceci ou cela, comme à des modes d'être pour un autre » (E. et M C. Ortigues, 1968, p. 951).

toires témoignant d'une certaine réserve et où nous sommes seulement alertés par l'insistance d'un trait qui va caractériser toute la thématique à travers sa modulation ; ce que nous avons appelé, dans un précédent « catalogue » un peu empirique, l'utilisation de *« l'affect-titre ».* Bien loin d'abraser l'affect, comme le souhaiterait le style « contrôle » à travers l'intellectualisation d'un titre (« le prisonnier », par exemple, pour la planche 3BM), la parole ici le met en exergue et l'offre, idole de chair et de souffrance, à la contemplation.

Tout aussi réservée, mais témoignant à la fois de l'aide que peut apporter le repli libidinal narcissique à la défense contre la sexualité et de son échec à éviter l'émergence d'une organisation de l'histoire où la projection défensive paranoïaque fait perdre le contrôle de la situation, cette réponse de Louis à la planche 10 :

> *« C'est l'image de la* tendresse. *Les deux personnages [Louis ne les différencie pas, les installe dans une spécularisation totale] sont très reposés et très* chastes. On *a caché les bouches* (perception erronée et dont la responsabilité est donnée à un « on », dérapage que Louis rattrape) ; *les yeux sont clos et ils se reposent. Ils se reposent l'un sur l'autre. C'est tout ce que j'ai à dire. »*

Plus typiquement narcissique, l'histoire que se donne Nadette pour dire le vécu dépressif latent à la planche 3BM :

> *« Ça c'est quelqu'un qui se sent mal dans sa peau, qui semble désespéré, qui se laisse complètement aller. On dirait qu'il est arrivé au bout du rouleau. Sa position c'est comme un appel au secours, un peu. Enfin c'est la tristesse. C'est tout. (?) Ça peut continuer par la tristesse toujours de cette façon, l'incompréhension des autres, de la société, du monde dans lequel il faut vivre. Et ça me fait penser à un gosse. Pour moi c'est un jeune garçon, un adolescent. »*

La première séquence, mise en tableau du malaise désespéré à vivre, suscite sur un mode très narcissique un appel à l'étayage *(« sa position est comme un appel au secours »).* La question de la psychologue, qui vient ici symboliquement affirmer la présence sollicitée, suscite une deuxième séquence-T.A.T. où la dépression trouve à se donner une cause, un bouc émissaire dans un fort mouvement de projection sur *« les autres ».*

L'inflation des représentations identificatoires, ou leur éclipse

Les héros, représentations identificatoires, ne relèvent guère par contre de l'effort de description nuancée qui caractérise l'affect. Leur projet[1] ou leur sexe ne les individualisent guère. La difficulté à situer les personnages un peu flous (planche 3BM, planche 10) est très nette dans beaucoup de protocoles. En tout ou rien, *mégalomanes ou impuissants,* « tout heureux » ou « tout malheureux », c'est bien plutôt *l'aspect « grandiose »* de leurs caractéristiques qui est mis en avant.

> *« Pas facile, je ne vois pas* si c'est un garçon ou une fille ou une femme, hésite Noémie, impression de tristesse, de désespoir. *Enfin qui est triste, pleure. C'est un prisonnier avec un bat-flanc.* Le désespoir, la fatigue, il est peut-être ensommeillé. *Au pied c'est un revolver, ou un pistolet. S'est-il suicidé ?* Dans cette position complètement avachie *il est peut-être mort. »* (Planche 3BM.)

Petit à petit Noémie fait face à la représentation dépressive massive que la planche a évoquée et peut dire le suicide en s'appuyant d'ailleurs sur une perception investie narcissiquement *(« dans cette position complètement avachie »),* comme nous le verrons dans la seconde partie de ce chapitre.

Les thématiques produites à la planche 1 sont curieusement marquées par l'impuissance et l'échec (les thèmes mégalomanes se repèrent plutôt dans les protocoles organisés par la lutte antidépressive acharnée — cf. chapitre 8) et se terminent sur des expressions crues d'agir, dont nous verrons aussi la place importante dans d'autres formes de réponses (Cf. chapitre 9).

Noël l'exprime rapidement :

> *« Un jeune garçon devant son violon, qui semble* fatigué ou rebuté par son travail. *Il regarde son violon en disant : j'en ai ras-le-bol de cet instrument. »*

Norbert, avec plus de détails :

> *« Ce personnage est un petit garçon qui réfléchit sur son instrument de musique... trouvant que la musique est un art difficile, se demandant s'il allait le brûler, le foutre au feu ou seulement le casser... son air suffisamment éloquent pour démontrer qu'il est un peu déçu. »*

---

1. Cf. le contenu latent de la planche 1, donné en note page 97.

propose une histoire d'abord du type « contrôle », et qui reste dans le registre du conflit intra-psychique. Mais cette organisation ne tient pas, bascule sous la pression de l'affect violent de rejet (de haine ?) pour cet objet qui met en cause son narcissisme. Norbert se récupère en investissant un élément perceptif : *« son air suffisamment éloquent ». L'attitude signifiante d'affect (« un peu déçu »)* est très proche de la « démonstration » paranoïaque. Les traits dits narcissiques sont d'ailleurs très nombreux dans les protocoles de psychotiques à défenses paranoïaques, et cela n'est pas pour nous étonner.

Sans doute, la stimulation du contenu latent de cette planche[1] est-elle démultipliée par la situation d'entrée dans le test. Celui-ci se révèle comme une redoutable mise à l'épreuve des sujets dont le mode de fonctionnement psychique n'est pas stabilisé dans le champ névrotique. Leur monde interne n'est pas investi comme territoire de jeu, de mauvaise foi, de déplacements et de détours éventuellement ludiques, éventuellement anxiogènes, mais comme garant d'un vivre psychique toujours menacé. Leur investissement des représentations prothèses d'eux-mêmes est particulièrement vital. Aussi ne sont-il guère mobilisés pour mettre en place une représentation mégalomaniaque d'eux-mêmes qui « tienne » contre le vécu dépressif sous-jacent. Mais bien plutôt ils tentent de contenir le violent rejet de cette mise en cause dont ils sentent le danger. Ceci tout en répondant à l'exigence de l'autre, afin de lui apparaître comme « narcissiquement bien », de ne pas perdre cette occasion où il leur est « peut-être-sûrement-enfin-loisible » d'être reconnus tels qu'ils se veulent être.

Extrêmement frappante, qu'elle soit utilisée en passant, *a minima* comme en s'excusant, qu'elle caviarde le texte ou qu'elle envahisse le protocole entier comme chez Nicole, *la référence personnelle ou autobiographique* nourrit l'expression.

Égocentrisme dirait le lecteur. Mais égocentrisme que nous savons essentiel pour le sujet, dont lui-même d'ailleurs parfois s'excuse, quasi-conscient de l'agressivité que déclenche chez son partenaire une pareille exclusion d'autrui (et du psychologue, bien sûr, *in vivo* dans la situation de test).

1. « Renvoie à l'image d'un enfant ; l'accent porte donc sur l'immaturité fonctionnelle face à un objet d'adulte (pas à un jouet), objet phallique. Le conflit porte sur la difficulté, voire l'impossibilité d'utiliser cet objet dans l'immédiat, avec, aux deux extrêmes, la position dépressive (incapacité, impuissance) et la position mégalomaniaque (toute-puissance). »

C'est Norbert à la planche 3BM :

> « *C'est quelqu'un de visiblement malheureux.* Je me rappelle d'une image comme celle-là où mon père avait quitté ma mère... Cette attitude de prostration, c'est une femme qui pleure, *c'est une femme qui est délaissée. C'est tout. (Quelle sera la fin de l'histoire ?)* En ce qui me concerne, *le mari est revenu...* C'est autobiographique, cette histoire. »

Et plus caricaturée, très inhabituelle, la réponse de Nicole à la planche 5, planche qui évoque une fantasmatique axée autour d'une mère peut-être surmoïque, mais sûrement intrusive :

> *« C'est marrant ça... c'est... Là je peux raconter une histoire vraiment... (sourit) ; c'est un ancien prof qui a enseigné à l'étranger, que j'ai connu, qui m'avait accueilli chez elle, j'avais 13 ans, elle m'a fait découvrir la philo et beaucoup d'autres choses. Ça ressemble à son intérieur et à son attitude, il y a des livres et elle avait beaucoup de livres. Un jour cette femme est morte. J'ai voulu absolument la voir morte, ça m'a beaucoup frappée car elle avait un œil ouvert et un œil fermé. On n'avait pas pu lui fermer les deux yeux. J'ai pensé qu'elle voulait mourir en gardant un œil ouvert. Exactement la même table, les rayons avec les livres. (?) Ça c'était dans mon village natal que ça se passait, elle m'a fait cadeau de sa chambre, je n'ai pas pu coucher dans le lit avec son œil ouvert et son œil fermé, maintenant j'ai sa chambre et je couche dedans »* (rit et décrit la chambre).

Bien sûr, une fantasmatique de haine et d'envie baignée dans la culpabilité archaïque et dans le risque dépressif s'exprime à travers ce texte. La pirouette terminale permet enfin à Nicole de se dégager. Nous verrons en effet l'effet taraudant de ces affects sur l'expérience du deuil primaire (qui est à faire par chacun d'entre nous) au hasard des protocoles dépressifs (Cf. chapitre 8). Ce qui frappe ici, c'est que ce vécu a une telle prégnance que le sujet s'y trouve dit sans aucune prise de distance possible. Il a besoin de faire référence à lui-même pour pouvoir enfin élaborer. Aucune spécularisation, projection sur la planche, mise en scène ne lui est possible. La fantasmatique ne peut s'alimenter d'aucune jouissance à fantasmer, mais seulement être dite, comme anecdotique, événementielle, existante dans la réalité.

Aussi ce « Moi » sera-t-il pour beaucoup la seule représentation organisant une réponse possible à la planche 16 :

> *« Il y a moi qui me promène en solitaire et en pensant que je vieillis...* (Nadette.)

> *« J'hésite entre la forêt et la mer ; mer parce que j'aime me baigner, très belles vagues, plages de sable fin, soleil, liberté, je pourrais me baigner. Sur le sable il y aurait quelques goélands qui viendraient, qui marcheraient à côté de moi. Mon rêve : soleil, solitude et petits animaux gentils. »* (Noémie.)

Faute de ce « Moi », c'est l'impossibilité à répondre :

> *« J'ai tellement l'esprit occupé ailleurs que pour inventer une histoire c'est pénible. »* (Nicole.)

> *« C'est une farce ?... ce que j'aurais envie de mettre dessus c'est une idiotie. Après les choses si chargées qu'il y avait avant... »* (Noël.)

Nicole et Noël, devant ce vide, cette impossible parole, disposent encore de l'agressivité vis-à-vis du psychologue ; mais pour beaucoup d'autres, ce même vide laisse émerger une dépression massive, à contenir avec une parole anti-dépressive tout aussi massive, à visée de défense un peu désespérée et combien touchante.

> *« Eh oui, vous savez à quoi... à une vieille blague... comment occuper un belge toute une journée ? Vous savez... Je crois que c'est Rodin qui disait que* la plus belle statue *est à l'intérieur d'une pierre brute. Disons que* c'est le plus beau dessin que j'aurais vu... pas le plus beau, le plus intelligent. » (Norbert.)

L'ironie agressive grince, coince et il faut l'idéalisation, le déni (Cf. chapitre 8), pour enfin s'en tirer : *« Le plus beau dessin que j'aurais vu... pas le plus beau, le plus intelligent. »* Mais à quel prix ?

Nombre d'histoires qui relèvent de ce type de construction proposent *un aménagement* que l'on pourrait appeler *spéculaire.* Nous en avons un peu plus haut proposé un exemple avec la planche 10 de Louis [1], planche 10 particulièrement propice, ainsi que la planche 9, à ce type d'organisation finalement a-relationnelle. Plus étonnant est de voir apparaître dans le discours du sujet cette même organisation à d'autres planches ; comme Nicole à la planche 2, dont le contenu latent, franchement triangulaire et œdipien, propose en même temps, et nous verrons que ce n'est peut-être pas ici sans importance, deux images de femmes dont l'une est dite « nantie », enceinte, et l'autre, sans être démunie, porteuse d'une autre forme d'avoir, symbolisé par les livres. L'envie archaïque, l'imago d'une mère qui a tout le bon pour elle et dont il faudrait tout détruire s'y projette assez facilement. Spéculariser la relation est

1. Cf. page 95.

alors un moyen comme un autre de fuir la surenchère intérieure de l'envie. C'est à ce moyen que recourt Nicole :

> *« Il faut vraiment raconter une histoire ou alors dire ce que ça évoque. Je pense pas qu'il y ait une histoire ; comme ça moi ça m'évoque des choses,* un couple parce que je pense à moi toujours. *L'homme avec le cheval, qui laboure un champ et cette femme à côté avec ses livres, c'est un couple qui a des idées nettement différentes, oui... pour ça je crois que...* c'est ce qui se passe pour moi, *l'homme est différent de la femme, il a l'air de retourner la terre, elle, elle vit dans les livres. Elle a l'air rêveuse d'ailleurs.* Moi j'associerais les deux femmes, cette femme qui regarde est la même que celle-ci, elle regarde, elle est plus proche, ensuite elle s'éloigne, elle tourne le dos et elle rêve. »

La scotomisation de la femme enceinte, l'élaboration du début de l'histoire dans un champ sexualisé et la crispation des références personnelles ne suffisent pas. Nicole est obligée d'organiser la relation de manière explicite en miroir *(« est la même que celle-ci »),* quitte à forcer sa perception du stimulus et à déraper dans un illogisme dont elle ne semble pas se rendre compte.

Nous verrons Noémie un peu plus loin associer cette spécularisation à l'investissement perceptif des contours, des ombres, du sensoriel à la planche 10 pour terminer une très belle histoire « narcissique », elle aussi en « dérapant ». Se critiquant, elle évoquera en commentaire la dysphorie qu'elle n'a pu « projeter » dans l'histoire :

> *« ... Une certaine ressemblance dans les deux visages, comme si un appuyé contre une glace. Non ce n'est pas possible, vu le dessin. Pas de plaisir à regarder ce dessin. Pas agréable, pas apaisant, laid. »*

D'autres sujets, encore plus radicaux dans leur mouvement, nient totalement la relation entre les deux personnes : ainsi Sara, dont le protocole a été travaillé dans un autre contexte[1], à la planche 19 :

> *« Je ne peux pas faire une histoire là-dessus, c'est dur. C'est* les deux mêmes têtes, les deux mêmes bonnes femmes... C'est la même, *je sais pas, elle regarde dans l'eau ou elle rêve, ou elle rêve d'être comme ça. (Comment ?) Qu'elle aura une belle robe. »*

1. Cas étudié dans le cadre du « Certificat de formation aux techniques projectives » préparé à l'U.E.R. Institut de Psychologie de l'université René-Descartes, à Paris.

Cette spécularisation de la relation, ici explicite, peut se retrouver plus subtile et mieux intégrée dans de multiples histoires de ce type de protocoles. C'est peut-être une difficulté importante pour le praticien que de repérer, à travers des aménagements d'histoire à apparence relationnelle, cette même mise à plat, cette indifférenciation des deux protagonistes et leurs positions non « dramatisées », non conflictuelles.

> *« ... Je comprends pas très bien. Le personnage de la mère, je dis la mère, pour moi c'est apparemment la mère... mais* attitude de repos ou de reprise de soi, méditation. *Y a peut-être un symbolisme, un rapport symbolique. La mère est peut-être enceinte (il peut enfin le dire). Alors le visage de la jeune femme ou jeune fille tourné vers elle, c'est peut-être une explication, peut-être ce qu'a voulu y mettre l'artiste, c'est d'ailleurs mon impression au prime abord, évocation d'un destin. »*

Louis, par cette fin d'histoire à la planche 2, se récupère dans une mise en tableau narcissique, après le questionnement que lui pose la femme grosse d'un enfant ; il peut alors nier la relation qu'il pourrait y avoir entre la *« jeune femme ou jeune fille »* à laquelle il s'identifie et cette mère nantie en les disant semblables et en situant la fille comme face à son destin. Beaucoup moins crispé, dérapé, que dans les histoires précédentes, le mouvement est cependant malaisé, quoique le compromis réalise un dégagement assez réussi.

Nadette, à travers les planches 9 et 10 où persévère la même thématique, en offre un exemple tout à fait créatif et plus subtilement agencé spéculairement.

Planche 9 :

> *« Ça c'est bizarre ! (immédiatement). Y a une personne affolée, je crois voir une rivière... elle s'affole parce que son gosse serait en train de se noyer, par exemple. L'autre personne, je ne vois pas ce qu'elle vient faire, disons qu'elle est moins affolée, moins concernée, ce n'est pas son gosse,* elle est un peu en spectatrice... *spectatrice du drame. Et puis de toute façon son enfant va mourir... et puis peut-être que la personne qui est là donne l'impression de savoir ce qui va arriver, l'issue du drame. Elle est peut-être pas si indifférente que ça, d'ailleurs. »*

Planche 10 :

> *« Ça c'est deux personnes qui sont en train de vivre... il leur est arrivé quelque chose, un homme et une femme donc qui vivent quelque chose d'angoissant et de dramatique ; et cette chose angoissante*

et dramatique les rapproche très profondément. A nouveau je ne sais pas pourquoi je vois la perte d'un gosse, la perte d'un être cher, d'un être qui donnait un sens à leur vie. »

Une lecture superficielle pourrait évoquer un rapproché nécessairement payé par la souffrance. Mais la nécessité pour Nadette de bien marquer le prolongement en 10 du vécu de 9 et l'indifférenciation des deux personnages, infirme cette première lecture ou ne la propose, ce qui serait plus juste, que comme un fonctionnement de couverture.

Des choix perceptifs : une identité à assurer ?

Nous avons déjà pu le pressentir à travers les exemples proposés dans la première partie de ce chapitre, l'a-conflictualisation et la mise en tableau de l'histoire ne sont pas les seules conséquences de l'expression d'une fantasmatique marquée par la jouissance à décrire. Notre partenaire dans la situation de test a plaisir à nous faire partager les subtilités d'un éprouvé subjectif souvent particulièrement émouvant. Mais il lui faut aussi s'assurer, dans ce moment de vacillement identificatoire dû à la mise en cause par la situation de test, une représentation de soi qu'il puisse investir. Nous en percevons la fragilité à travers le blanc, le vide désespéré qui se devine sous l'inflation des images-prothèses (ce vide que nous percevrons clairement dans le protocole dépressif, l'effacement de la représentation d'objet ayant entraîné avec lui toute image de soi). Fragilité si grande qu'elle ne permet aucun jeu, seulement l'étroit ancrage dans une réalité dite objective, dans l'événementiel qui en cautionne l'existence.

La forme de l'histoire s'avère tout aussi sensible aux particularités de la perception qui colorent et donnent son apparence particulièrement originale à l'histoire que nous avons appelée narcissique. Le mode d'appréhension du monde dont elles témoignent est en effet assez particulier : *surinvestissement du travail sensoriel,* du voir surtout, mais aussi de la perception du chaud et du froid, de l'ombre et de la lumière (le blanc et le noir sans doute par dérivation métaphorique ou métonymique), de l'espace et des positions dans l'espace. Privilège donné aussi au ressenti interne, repos, sommeil, fatigue, etc., ce qui peut paraître proche de la vigilance et du contrôle du champ « obsessionnel » ou de celle de certains paranoïaques rationalisants, mais s'en séparant totalement par la densité de la sensation : il s'agit d'un monde sensorialisé, épais, de chair vivante et sensible et non de la machinerie pensée qui tente de contrôler le désir.

Là encore, il suffit de parcourir les protocoles pour relever en masse les traits investis, significatifs pour le sujet, qui orientent le mouvement de sa perception de la planche. Et sans doute en tout premier lieu son *attention aux limites et aux contours,* à l'apparence, à ce qui se donne à voir, mais aussi délimite un dedans et un dehors. Limite fluctuante, mal assurée, qu'il faut surinvestir pour la faire tenir ? Ce surinvestissement semble ici habituellement efficace ; nous verrons (chapitre 9) qu'il peut laisser place à des confusions de registre et à des télescopages de rôles, et surtout à une attitude assez typique de confusion entre le héros et l'interprétant, confusion non dite, vécue mais non repérée, à l'inverse du mouvement qui sous-tend la référence personnelle et autobiographique... Confusion sans doute évitée ici grâce à ce surinvestissement, à cette exacerbation de l'appréciation de ce qui sépare deux espaces, le Moi et le non-Moi.

On pense aux travaux de D. Anzieu (1974, 1981) sur le Moi-peau :

> « Par Moi-peau nous désignons une *figuration*[1] dont le Moi de l'enfant se sert au cours des phases précoces de son développement *pour se représenter lui-même comme Moi, à partir de son expérience de la surface du corps*[1]. Cela correspond au moment où le Moi psychique se différencie du Moi corporel sur le plan opératif et reste confondu avec lui sur le plan figuratif » (Anzieu, 1974, p. 207).

L'insistance sur la surface, sur la texture, presque données à toucher par la parole, la reprise dans les mots de cette épaisseur sensible, de cette expérience vécue du contact, traduisent dans ces protocoles la recherche, un peu désespérée peut-être dans son excès même, des indices de cette expérience, toujours à vif à l'intérieur, d'une limite possiblement repérable parce que représentable enfin à travers l'expérience de la surface du corps[2]. Limite toujours à vif à l'intérieur, c'est là la caractéristique que révèlent ces protocoles : recherche restée agissante et qui informe parfois exclusivement l'exploration que le sujet fait de la réalité externe et des planches du test.

Éventuellement, dans certains protocoles proches d'une organisation plus labile de l'histoire, ou à certains moments dans des protocoles de ce type, le texte est émaillé de *détails narcissiques.* Mais ceux-ci ne sont pas ici offerts, outils servant à séduire, appeaux — et bien souvent « miroir

---

1. Souligné par nous.
2. Surface de relation, d'échange érotisé, de « localisation pulsionnelle », surface aussi de souffrance, et peut-être dans cette fonction une des métaphores du manque, de l'absence de l'autre qui s'arrache à nous ; mais aussi de notre possibilité d'exister sans lui, puisque de souffrir. La réflexion sur le masochisme et sa version dite primaire pourrait peut-être nous en apprendre encore plus.

aux alouettes » —, mais toujours piège tendu à l'autre dont la représentation reste investie comme porteuse de jouissance et comblant le manque. Dans l'histoire narcissique ils sont seulement donnés à voir, marquant l'excellence du héros :

> *« Ils sont beaux. Elle a l'air d'une infirmière, habillée en blanc. Couple jeune, beau. »* (Noémie, planche 4.)

Nous trouvons ces détails en plus grand nombre dans les moments de repli narcissique au sein d'histoires organisées habituellement sur un autre mode, et aussi dans les protocoles plus nettement marqués par la dépression. Ces détails concourent alors à l'idéalisation des personnages. Donnons-en quelques exemples :

> *1. « ... Après tout ce violon donne de très beaux sons et l'enfant est loin d'être mal doué, il a même une oreille très juste. »* (Planche 1.)
>
> *2. « Elle se regarde dans une glace, elle se trouve fort bien habillée, fort jolie. »* (Planche 7GF.)
>
> *3. « Elle n'avait pas d'amant, elle n'avait personne, elle était mal habillée, mal chaussée, mal peignée. »* (Planche 3BM.)

Si nous avons choisi ces trois exemples, c'est qu'ils permettent justement de différencier le mouvement d'idéalisation que l'on rencontre dans les protocoles narcissiques — mais qui nous semble relever plutôt de l'expression de moments de lutte antidépressive (exemple 1) — de l'insistance presque caricaturale sur le vêtement (exemples 2 et 3), autre manière pour le sujet de dire sa sensibilité aux contours et à la limite corporelle. Le vêtement, les voiles, la cuirasse, « limites de l'image du corps ou image des limites du corps », selon le mot de D. Anzieu (1974, p. 203) ont sans doute une consonance métaphoro-métonymique nette avec deux des fonctions de la peau qu'évoque l'auteur dans ce même article : celle de sac qui retient le bon et de surface-limite entre le dedans et le dehors. L'insistance sur le maquillage, la peau « habillée » de son mince film protecteur, pourrait avoir la même fonction :

> *« Je pense que c'est pas une photo actuelle ça, parce que les cheveux, le maquillage sont vraiment démodés. »* (Nicole, planche 6GF.)

Beaucoup plus souvent cette attention aux limites et au contour est directement exprimée :

> *« Cette femme était laide,* voûtée, *grosse. »* (Nicole, planche 3BM, phrase précédent l'exemple 3 cité ci-dessus.)

Elle anime l'histoire fournie par Noémie, à la planche 10, dont nous avons donné la fin plus haut (p. 100) comme exemple de spécularisation :

> *« C'est plus difficile, ça augmente en difficulté ? Deux visages que je suppose d'homme.* Éclairage en clair-obscur *(nous reprendrons cette partie de l'histoire tout à l'heure)* Ombre portée sur le visage en face. Les traits sont gras et mous, *les mains aussi... »*, etc.

Cet intérêt exprimé ici de manière très sensorielle, presque sensuelle, peut, de manière plus appauvrie, plus abrasée, se transformer en repérage de « l'air » du personnage, cet air d'ailleurs exprimant l'affect. C'est Noël, attentif en même temps à l'espace et à la place du personnage à la planche 3BM :

> *« Ça représente une personne, plutôt un adolescent ou une adolescente qui a beaucoup de peine,* qui a l'air très triste, *s'est réfugiée sur le coin d'un sofa ou d'un canapé,* a l'air *désespérée. »*

A la planche 4 :

> *« ... il a l'air très en colère, par contre les traits de son épouse... sont beaucoup plus sereins... ».*

A la planche 7 :

> *« ... le visage du jeune homme est assez angoissé, la vieille personne plus serein »*, etc.

Mais plus originale encore apparaît l'utilisation de la posture du personnage pour exprimer l'affect : ce que nous avons appelé *la posture signifiante d'affect* (Brelet, 1981). Nous en avons vu tout à l'heure un exemple avec Nadette :

> *« Sa position c'est comme un appel au secours. »*

Mais c'est aussi le cas avec Norbert :

> *« Cette attitude de prostration, c'est une femme qui pleure. »* (Planche 3BM.)
>
> *« On sent une rupture là-dedans, c'est marrant, c'est deux visages qui ne vont pas ensemble... deux attitudes qui ne...* (Planche 4.)
>
> *« Le sourire est amical. »* (Planche 7.)

Éventuellement le décor, les positions dans l'espace, concourent à créer l'ambiance, à susciter l'empathie pour le héros, voire sa contemplation :

> *« Décor sommaire, pour ne pas dire sordide. »* (Noémie, planche 13MF.)

et même organisent toute l'expression, comme celle de l'histoire de Nicole à la planche 5 (voir plus haut, page 98).

C'est le corps même qui se propose ici comme machine à signifier. Nos protocoles valorisent les indices « solides » d'une réalité du perçu, peut-être autrefois trop investis dans le dialogue de corps de la mère et de l'enfant. Traces d'une mémoire archaïque, enfoncées habituellement sous les mots et les signes plus socialisés, mais que nous utilisons tous de manière implicite ? On pense à Ferenczi (« le nourrisson savant »), à Winnicott et à ce surinvestissement que certains enfants doivent mettre en place pour mieux percevoir le ressenti maternel : ils se sentent les gardiens, les soignants du monde interne de la mère, et développent trop vite leur propre système de sauvegarde faute d'un pare-excitation suffisant.

Resterait à donner une place à part, car relevant sans doute de facteurs assez complexes, à *l'investissement du regard,* si fortement perceptible dans ces protocoles. Regard-miroir dans lequel on se repère ou on se perd, regard-zone érogène que réveille la fantasmatique narcissique, toujours donnée à voir. « Mise en tableau » fantasmatique dont le caractère narcissique serait peut-être justement essentiellement repérable dans *sa stabilité* à l'inverse du destin pulsionnel objectal toujours en mouvement, « visée ». Est-ce le regard en effet qui, dans sa maîtrise d'un instant, « arrête » ce perpétuel déséquilibre qui marque le caractère « poussant » (Freud, 1915 *b*) de la pulsion ? Est-ce lui qui garantit — garantie toujours mise en cause — un « instantané » qui fixera enfin à jamais (« comme en lui-même enfin l'éternité le change ») la représentation de soi à laquelle on manque à croire ? C'est peut-être, là aussi, un des moments où la proximité du narcissisme avec la mort est la plus perceptible, alors que dans le désespoir de ces protocoles se dit la quête acharnée d'un vivre, d'un équipement pour vivre — pour jouir — dont le sujet ne peut jamais être sûr, dans lequel il ne peut jamais avoir confiance. Est-ce que là aussi d'ailleurs la situation de test ne démultiplie pas l'impact de cette fantasmatique ? Ces planches, le psychologie convie son partenaire à les regarder tout autant qu'à les commenter.

> *« Cette femme qui regarde... la même que celle-ci, elle regarde, elle est plus proche, ensuite elle s'éloigne, elle tourne le dos, elle rêve. »* (Planche 2.)

N'est-ce pas Nicole elle-même, dans sa proximité avec la planche, dans sa perte de la conscience d'interpréter ? Notons au passage le vacillement dans le même mouvement de toute logique secondarisée : la même planche peut, au même moment, évoquer deux temps différents ; la succession temporelle est perdue au profit de l'intemporalité de l'inconscient. Exemple de ce que nous pourrions qualifier d' « expression tolérante à la logique du primaire » ?

C'est la même Nicole qui (cf. plus haut, page 100), insistant sur ce personnage qui avait voulu *« mourir en gardant un œil ouvert »*, dit « l'agrippement » entre deux personnes, justement à travers ce regard :

> *« Ça c'est un couple, qu'est-ce que je pourrais dire... Je pense que cet homme veut s'enfuir et qu'il ne veut pas regarder cette femme pour ne pas trop s'attacher à elle ; comme elle essaie de le retenir il se force à regarder ailleurs, à ne pas la voir. La femme, je crois, s'agrippe un peu à lui mais il ne tournera pas la tête, il suivra sa route. »* (Planche 4.)

Thématique bien fidèle au contenu manifeste, certes, mais très originale par rapport aux thèmes habituellement donnés, distordant par contre moins la perception que la réponse de Nadette à la planche 4 :

> *« ... On a l'impression qu'elle s'amuse de la situation. La femme... on voit ça d'après son regard »* (!).

ou celle de Louis à la même planche :

> *« Je crois que tout est dans le regard de l'homme, qu'on l'interprète dans un sens ou dans un autre. »*

Réponse plus nuancée, donnée par cette même Nadette à la femme dédoublée de la planche 9 :

> *« spectatrice, spectatrice du drame ».*

Et de temps en temps, au hasard d'un mouvement qui se crispe, l'angoisse associée émerge : « les yeux » sont traités (à la planche 19, particulièrement) comme un élément phobogène. Noémie en donne un bel exemple, quoique la défense tende plus ici à nier la dépression, alors que son test jusqu'alors témoignait plutôt d'un style narcissique :

> *«* Composition artistique *qui m'évoque à moi un igloo ou une sorte de chalet enfoui sous la neige dans un pays nordique. J'aperçois deux fenêtres avec de la lumière, cheminées à l'extérieur, toit encombré de neige. Impression de vent, tempête.* Très amusant *(!) Si ça se trouve on peut y voir tout à fait autre chose ? Vous ne me le direz pas ! Quelque chose m'inquiète,* ce dessin avec deux yeux blancs. *»*

Au moment où le contenu latent de la planche appelle une thématique de contenant, de bon et de mauvais — le mauvais dehors et le bon dedans —, cette incise étonne et demande explication.

Sans doute de même sens, mais plus à distance, tendant à contrôler cet investissement sur le même mode obsessionnel qu'un investissement objectal, nous évoquerons enfin *l'insistance* de ces personnes *à organiser leur perception des planches comme un dessin, un tableau* : c'est la « composition artistique » de Noémie, planche 19, mais aussi planche 11 :

> « *Ça devient de plus en plus surréaliste !* Dessin d'imagination *qui fait fonctionner l'imagination.* Certains dessins que Victor Hugo avait faits. *Je suis obligée de dire ce que c'est ? Une scène, un paysage, deux bêtes imaginaires. Des rochers, certains troncs d'arbres et à droite un mur. Ça ressemble à des dessins qui illustrent le Roland furieux de l'Arioste.* J'avais le livre dans la bibliothèque, enfant. »

Serait-on tenté, pour une fois, de prendre le contenu à la lettre : *« Dessin qui fait fonctionner l'imagination ? »* Ne serait-ce pas en effet l'étayage nécessaire à la vie psychique de tels sujets, facilement vidés, tournant à vide ? Nous l'avons vu dans leurs réponses à la planche 16 : avoir devant eux le « tableau », le « dessin », qui met en route la fantasmatisation narcissique est une nécessité. Projectif-écran, peut-être, mais tel que sa surface permette à nos partenaires en test de s'assurer d'une existence, d'y trouver la preuve de leur vivre psychique, preuve à maintenir devant eux à tout prix et à appeler dans une incantation désespérée « Moi, Moi, Moi, je suis là, fixé dans une immobilité mortifère qui s'impose à moi comme ma seule garantie de vie ».

Dessin, photo, tableau, ce n'est jamais d'une histoire qu'il est question, comme le demande la consigne. Mais cette vie qu'ils peuvent enfin arrêter les fascine et ils en expriment la rencontre tout au long de la passation du test.

S'il y a dans le style de ces histoires une sensorialité extrêmement riche, quasi sensuelle avons-nous dit, on y trouve aussi un *investissement des perceptions de l'interne somatique,* plus particulièrement des sensations de repos, de sommeil, de fatigue...

Sensibilité multipliée ou parole tentant de remplir un vide psychique ? L'expression somatique resterait-elle seule possible ? C'est en effet plus particulièrement aux planches 3, 11, 19, 16, et 13BM quand celle-ci est proposée, que ces expressions viennent terminer l'histoire, donner une issue à des vécus inexprimables dans le corps du texte.

Ainsi Noémie, à la planche 3BM :

> « *Pas facile, je ne sais pas si c'est un garçon ou une fille, ou une femme (on retrouve ici la labilité des identifications de tout à l'heure).* Impression de tristesse, de désespoir. *Enfin qui est triste, pleure. C'est un prisonnier avec un bat-flanc.* Le désespoir la fatigue, il est peut-être un peu ensommeillé... » (etc.)

Ou Louis, dont nous avons déjà cité cette réponse à la planche 10 :

> « *C'est l'image de la tendresse, les deux personnages sont très* reposés, *très chastes ; on a caché les bouches, les yeux sont clos et* ils se reposent. *Ils se reposent l'un sur l'autre. C'est tout ce que j'ai à dire.* »

Nous sommes renvoyés là au travail de R. Debray (1978, 1983) et à son utilisation du T.A.T. comme instrument d'appréciation diagnostique et surtout pronostique de l'économie psychosomatique.

ÉCONOMIQUE...

Revenons à notre dernier exemple, cette réponse de Louis à la planche 10 ; elle illustre le problème de l'interprétation à donner à ce mouvement d'investissement d'une fantasmatique narcissique rendue sensible par la production au T.A.T.

Traduction d'un choix interne du sujet privilégiant cette « mise en tableau » dans sa vie psychique, ou *trahison* défensive d'un investissement d'objet si angoissant qu'il déclenche la fuite devant autrui et le « repli libidinal » sur l'image de soi ? Vampirisation de la vie psychique par un Moi resté si prématuré qu'il a besoin de toutes les forces libidinales du sujet pour rester agissant, ou défense radicale devant la sexualité objectale ?

Nous avons déjà dit que, pour notre part, nous refusions de poser ces deux positions interprétatives en alternative. C'est leur liaison étroite qui nous paraît répondre au fonctionnement de ces sujets : leur vie psychique est suffisamment en danger pour qu'un jouir qui implique la dépendance à l'autre et la reconnaissance de sa place primordiale soit devenu difficile, voire impossible à tolérer. Leur demande, s'ils viennent vers la psychanalyse, est, comme le dit V. N. Smirnoff[1], « de guérir de la

1. Intervention aux « Entretiens de Vaucresson » (Association psychanalytique de France), en juin 1982, non publiée.

sexualité et non de guérir par la sexualité », posant là un problème difficile à l'analyste. Les différents protocoles que nous avons recueillis permettent cependant de préciser des équilibres économiques différents entre ces deux mouvements : fuir la sexualité — trahison ; soutenir une image de soi vacillante — traduction d'une vie psychique dont le support reste perpétuellement hémorragique, véritable tonneau des Danaïdes (cf. chapitre 8).

Un certain nombre des T.A.T. que nous avons recueillis illustrent bien ce mouvement de va-et-vient affolé entre des tentatives d'investissement d'un objet sexualisé et le repli sur soi devant l'angoisse qu'elles suscitent. On peut les penser proches, en ce sens, des protocoles normatifs et névrotiques où se repère plus fluide, ce *balancement de l'investissement de la fantasmatique objectale à la fantasmatique narcissique* : expression d'un mouvement de bascule entre l'investissement de l'image de soi et celui de l'autre, qui caractérise notre vie psychique (Freud, 1914 *a*, p. 83). Généralement ces mouvements sont intégrés l'un à l'autre, formant les deux polarités d'un même fantasme. Quand je me dis : « il/elle m'aime », je jouis de situer un « il/elle » à la place de mon manque et de le croire en voie d'être rempli par cet autre privilégié. Mais aussi d'investir ce « m' », ce Moi, cette représentation interne qui se trouve dans le même mouvement situé à la place d'un unique, peut-être d'un irremplaçable, certainement d'un existant et d'un désiré pour ce même autre. Enrichissement narcissique de poids qui contrebalance éventuellement l'hémorragie narcissique qui marque l'état amoureux (*ibid.*, p. 94). Le même énoncé fantasmatique entraîne la jouissance tant narcissique qu'objectale, dans une liaison intrinsèque qui masque sa bipolarité.

L'expression fantasmatique dans sa traduction T.A.T. n'est cependant pas toujours aussi « liée ». Bien banalement, nous voyons la construction de l'histoire passer d'un mouvement conflictualisé, où l'objet est très présent, à une séquence de repli libidinal narcissique, autant que l'inverse. L'interprétation aura bien sûr à comprendre à chaque fois le poids de la crispation défensive ; et, dans ce dernier cas, si l'investissement narcissique concourt à un « dégagement » (en aidant au mouvement de l'histoire et à l'expression pulsionnelle), ou si au contraire elle bloque, ou fascine, ou arrête ce mouvement dans un repli piétinant et inutile.

Le psychologue a aussi à apprécier l'intégration du mouvement d'investissement narcissique à l'ensemble des mouvements de l'histoire. Cette séquence « narcissique » aide-t-elle à la lisibilité globale du texte, ne nuit-elle pas à sa cohérence ? Enrichit-elle d'affects et de représentations une « mise en scène » qui resterait autrement plus conformisée ? Permet-elle la création de nouvelles solutions que les premières séquences de l'histoire, sidérées autour du conflit, absorbées par l'effort défensif, ne permettaient pas ?[1].

Lecture dynamique et économique qui reste d'ailleurs, dans le champ de la psychopathologie, l'apport principal du T.A.T. ; et ceci plus nettement encore quand il s'agit des fonctionnements auxquels cet ouvrage s'intéresse et pour lesquels la compréhension des différents mouvements fantasmatiques internes et de leur poids respectif dans l'économie psychique du sujet, semble le seul but que le psychologue puisse se proposer.

Souvent d'ailleurs, ces *T.A.T. qui se veulent a-conflictuels,* où les efforts défensifs, tant de type labile que de type contrôle, sont moins nets que les mécanismes d'inhibition et de conformisation, offrent en première lecture une très nette *fuite de la rivalité qu'implique l'Œdipe.* Au niveau même du contenu manifeste du discours s'expriment *le vide, le refus,* — la trahison ? — plus ou moins voulus.

C'est par exemple Laure dont la plainte manifeste est « de ne pas avoir d'identité, de personnalité, de ne pas savoir qui elle est ». Elle tente de décrire une angoisse pour laquelle elle n'a pas de mots, ce qui intensifie son désarroi et qui, à travers ce qu'elle dit, semble « comme non ressentie, comme extérieure à elle[2] ». Absence de résonance émotionnelle et sentiment d'étrangeté un peu indéfinissable :

> *« Comme un Noir qui arrive en Europe, mais encore eux ils savent pourquoi ils viennent, moi je ne sais pas pourquoi je suis là. »* (Entretien avant le test.)

Laure propose un protocole coarté, inhibé, retenu, dont le mouvement général rend compte d'un désinvestissement apparemment souhaité. Elle fuit toute problématique conflictuelle grâce à des « confusions de registres » (espace-temps) particulièrement massives (voir le chapitre 9) et à de très nombreux télescopages de rôles aux planches 2, 3 et 4, puis

1. Il y a là un exemple de lecture du T.A.T. dans une perspective dynamique et économique qui peut permettre à un psychologue hors du champ psychopathologique d'exercer une activité de conseil. Le champ du conseil en effet est caractérisé, à l'inverse de celui de l'activité psychothérapique, par l'urgence. Le psychologue dispose de peu de temps, et dans ce minimum de temps se doit d'évaluer et la question *latente* de son client sous sa demande manifeste, et les meilleurs moyens, compte tenu du fonctionnement psychique de son vis-à-vis, pour l'aider à s'en approcher et à tenter d'y répondre. Il s'agit là d'une activité rendue difficile par la limitation du temps et par rapport à laquelle l'activité psychothérapeutique peut apparaître confortable (!).

2. Éléments du compte rendu psychologique de la psychologue qui l'a reçue et lui a fait passer le T.A.T.

elle trouve un « refuge » dans des histoires plus marquées par les mécanismes narcissiques aux planches 6 et 7. Les planches 8, 11 et 13MF laissent sourdre des thèmes crus *(« tuer son père sans le faire exprès », « tuer dans un moment de colère », « la fin du monde, éboulements, décombres, la fin de la planète »),* qui seuls déchargent la tension et donnent issue à l'histoire.

Elle termine sur le rien, le vide, rien et vide qu'elle a elle-même suscités tout au long du protocole :

> *« Pour moi c'est rien, ça veut rien dire. (Que pourrait-on y voir ?) J'ai pas envie de voir quoi que ce soit. Ça ne m'intéresse pas. »* (Planche 19.)
>
> *« C'est le vide, c'est rien. (?) L'histoire que vous voulez ? J'imagine rien, c'est le néant, c'est ce que je suis en ce moment. Je préférerais ne rien avoir dans la tête. »* (Planche 16.)

Il est certain que nous avons ici à ne pas prendre à la lettre l'expression de ce vide, mais bien à l'entendre sur son mode N et peut-être M [1], comme exhibé, offert, caractérisant l'image de soi que le sujet veut donner à l'autre.

Par contre, la planche 16 de Nicole :

> *« J'ai tellement l'esprit occupé ailleurs que pour inventer une histoire c'est pénible. »*

marque sans doute mieux le vide psychique et son déni.

Revenons à Laure dont le protocole, tout à fait illustratif d'une problématique habituellement rencontrée, nous pose un certain nombre de problèmes : si l'on tient compte des expressions en « thème cru » qui donnent issue à la décharge pulsionnelle, le mouvement de défense contre l'expression du conflit œdipien et les problématiques d'investissement sexualisé de l'objet et de rivalité avec le tiers, « couvre » — comme on dit fonctionnement névrotique de couverture — une défense beaucoup plus nodale contre *la haine* (cf. la dynamique de ses récits aux planches 7 et 8). La massivité de cette dernière (entraînant des « solutions » en tout ou rien) marque, avec *l'envie,* tout ces protocoles. La rivalité avec la mère, pour Laure, qui donne lieu à sa première « confusion de registre » à la planche 2 [2], ne la met si gravement en danger que parce

1. Cf. les facteurs de la série C de la fiche de dépouillement du T.A.T. : N = items narcissiques ; M = items maniaques.
Cf. également le chapitre 8 : l'idéalisation négative.
2. Cf. le chapitre 9 qu'illustre le protocole de Laure et où nous reparlerons des fonctionnements selon une pensée non conforme à la logique secondarisée habituelle au langage.

qu'elle recouvre d'une manière imparfaite la violence d'une haine meurtrière. Il n'est en effet ici question que de grandes quantités, de vie et de mort, et aucune négociation, aucun compromis n'est possible. La fuite — la trahison — ne serait donc pas seulement celle de la sexualité œdipienne, mais l'évitement (finalement inefficace pour Laure) des conditions d'émergence de la haine contre l'objet primordial.

La présence, en outre, de mécanismes d'élaboration de l'histoire aussi inhabituels dans le champ de la névrose, aussi peu « logiques » quant à la logique secondaire, que le télescopage de rôles et la confusion de registres, dominants dans le premier temps du test, font penser à un mode psychique organisé de manière différente de l'habituel[1]. Aussi comprend-on autrement sa plainte dans ce contexte : il n'est pas étonnant qu'elle se sente *« comme un Noir qui arrive en Europe »*. Et cette curieuse impression clinique de la psychologue qui la rencontre (« son angoisse est comme non ressentie, comme extérieure à elle »), coïncide avec la compréhension que l'on peut tirer de son T.A.T.

La prise en compte de ce point de vue nous permet d'ailleurs de comprendre un peu différemment les protocoles qui semblent à *la frontière entre la défense hystérique et cette problématique. La sexualité* dans son aspect hétérosexuel peut être ici très présente, investie et défensivement retenue dans l'élaboration de l'histoire par des modes d'écritures labiles. Mais lorsque, sous cette expression fantasmatique sourd quelque chose d'une envie taraudante ou d'une haine mortifère, apparaissent les mécanismes d'élaboration narcissique de l'histoire, ou d'autres mécanismes associés et inhabituels. Dès la planche 2, la représentation de la femme enceinte semble être particulièrement stimulante pour tous les vécus d'envie. La planche 3BM, lui succédant immédiatement, permet au sujet d'exprimer le contre-coup dépressif de cette envie ou sa « remontée » dans des sentiments de culpabilité plus économiques à vivre. Nous l'avons vu chez Louis (planche 2), chez Nicole (planche 3)[2].

Il est plus facile, semble-t-il, d'exprimer une rivalité, la jalousie par rapport à un objet convoité, que l'envie (dans le sens kleinien du terme), si celle-ci est restée sous-jacente sans être reprise dans l'élaboration œdipienne qu'en fait la problématique névrotique. Une thématique d'apparence sexualisée peut remplir un rôle défensif. Les modes d'élaboration de l'histoire et sa tolérance au conflit pulsionnel jouent alors le rôle de pierre de touche. Nous retrouvons ici la mise en garde de V. Shentoub : s'attacher exclusivement à la thématique et négliger les mécanismes de

1. Cf. note 2, p. 112.
2. Planches analysées plus haut, pages 101 et 104.

construction de l'histoire conduisent à des interprétations multiples, superficielles, éventuellement erronées.

Peut-être peut-on comprendre ainsi à un premier niveau la proximité de *la mort* dans le contenu manifeste de ces protocoles, ceci à des planches où on ne l'attend pas :

> *« Il s'agit de la gouvernante de la maison, elle ouvre la porte de son maître, elle le trouve poignardé dans son bureau au milieu des papiers... c'est fini... y a pas de problèmes, il est là, poignardé. »* (Norbert, planche 5.)

> *« ... c'est sa mort la sanction. C'est sa mort et elle l'acceptera sans pleurer, sans rien faire. C'est pas gai ce que je raconte, trucs macabres. »* (Nadette, fin de la planche 13G.)

C'est en effet la visée latente de ces histoires que l'éradication d'autrui, l'expulsion de l'objet hors du champ psychique ; l'autre est un trouble-fête, sans doute autant par la haine qu'il suscite qu'à travers la dépendance qu'il rappelle !

Sur ces mêmes thématiques basculent les protocoles plus fortement marqués par l'investissement narcissique ; la cohérence de l'histoire, très bousculée par des incises, dont l'expression en commentaire autobiographique ou narcissique serait le mode le plus typique, se perd parfois complètement ; les thèmes crus de haine et d'envie sont évités grâce à une spécularisation qui pour aseptiser l'histoire, la vide de tout mouvement ; la métaphore du sommeil, du repos, de la lassitude viennent exprimer ce qui sans doute est à la limite de toute expression : en expulsant l'objet de la vie psychique, en évitant la haine et l'envie sous-jacentes à l'investissement de l'objet, c'est de toute représentation de soi que le sujet se vide en même temps. C'est la vie psychique elle-même et ce dont elle se soutient, le plaisir à fantasmer, qu'il néantise.

Ce mouvement de « vidange », en effet, lorsqu'il devient part dominante de l'effort défensif, ne laisse rien derrière lui. On peut faire l'hypothèse d'un résultat encore plus radical de cette même activité d'expulsion, lorsqu'elle se produit au moment de la constitution du monde psychique, si aucun contenant suffisamment ferme ne s'est proposé non seulement pour la retenir « dehors », mais encore pour constituer dans la vie psychique un espace où la haine et les objets de cette haine peuvent exister, insister, et où le lien, fût-il celui du « repousser », du « vomir » l'autre que soi et le soi que l'on voudrait autre, puisse trouver à se vivre psychiquement (Bion, 1979, 1980).

La fragilité consécutive peut être électivement fixée sur l'image de soi, sur la représentation de l'autre et de sa perte toujours possible, ou, encore plus radicale, sur l'investissement du contenant psychique lui-même et de l'activité de penser.

Dans la clinique, les protocoles que nous avons étudiés témoignent plutôt de *toutes ces fragilités intimement liées* (Brelet, 1981, 1983). Nous les avons traitées séparément, nous l'avons dit, à la fois pour des raisons de clarté mais aussi parce que cela permet d'insister sur des dominantes dans la vie psychique, qui déterminent chez nos sujets des modes de fonctionnement au T.A.T. assez différents. Dans les deux prochains chapitres, nous nous proposons de réfléchir aux deux autres dominantes : à travers la compréhension des vécus de deuil impossible (chapitre 8), nous travaillerons sur des T.A.T. que l'on pourrait qualifier de discours « maniaques », « anti-dépressifs » dans le sens kleinien du terme. Dans le chapitre 9, nous tenterons de préciser comment se marque de manière très nette la fragilité du contenant/contenu dans la réponse à une consigne qui justement met à l'épreuve ce plaisir même à fantasmer et les possibilités d'élaboration psychique du sujet. Pour les T.A.T. étudiés dans ce chapitre, il nous semble pouvoir dire que c'est *l'image de soi* qui apparaît comme « aspirant » l'investissement libidinal dans une sorte de contre-hémorragie ; à moins que, plus dramatiquement encore, on puisse percevoir, à travers l'expression T.A.T., que la représentation de soi sur laquelle le sujet s'appuie n'est qu'une prothèse dont le statut d'externalité, d'artificialité, entraîne une souffrance à vivre très intense et perpétuellement contre-investie par l'inflation narcissique qui apparaît au-devant de la scène.

Doit-on évoquer ici *la notion de « faux-self »* ? Cela semble judicieux pour une partie de ces protocoles : Winnicott en a proposé une approche assez voisine de ce que nous rencontrons :

> « Par l'intermédiaire de ce faux-self, (le nourrisson) élabore un ensemble de relations artificielles, et au moyen d'introjections en arrive même à faire semblant d'être réel » (Winnicott, 1960, p. 124).

> « Il parvient à un degré d'élaboration tel qu'il est plus exact de dire que le faux-self masque la réalité intérieure de l'enfant, que de dire qu'il dissimule le vrai self » (*ibid.*, p. 126).

Traits artificiels à fonction d'ailleurs autant de soutien, d'étayage, que de masque, ils apparaissent souvent comme pris dans la réalité quotidienne, dans l'événementiel, dans le vécu proche ou lointain, éventuellement dans le geste ou l'agir. On se rappelle cette notation de Winnicott :

> « Seul le vrai self peut être analysé. La psychanalyse du faux-self, l'analyse orientée *vers ce qui revient à un environnement intériorisé,* ne peut mener qu'à la déception [1]. »

Le conformisme n'est jamais ici tout à fait placage, banalisation abrasant l'expression, mais utilisation bavarde et parfois pléthorique du quotidien, comme pour remplir le vide et partager avec l'autre en évitant tout conflit. Il fait penser à cette soumission qui caractériserait le faux-self pour Winnicott :

> « Il ne nous est pas difficile d'admettre, dans notre travail clinique, l'existence plus ou moins grande de cette défense du faux-self : qui va de l'aspect sain et poli *au faux-self soumis et tout à fait clivé que l'on prend pour l'enfant total*[2]. »

Une autre partie de ces protocoles dits « à expression narcissique prédominante » nous renverrait à une tout autre clinique. C'est une *« inflation galopante » de l'image de soi* qui peut s'y repérer, soutenue par un certain nombre des mécanismes d'élaboration de l'histoire que nous avons mis en évidence : l'attachement aux Dd narcissiques, la référence personnelle et autobiographique, l'idéalisation (positive ou négative) et l'hypertrophie en « Soi grandiose » des images de soi (Moi idéal plus agissant que l'idéal du Moi). Cet attachement à la « mise en tableau » et l'expression de l'éprouvé subjectif dans ses milles nuances disent et construisent ce surinvestissement. On pense ici beaucoup plus à Kohut et à une « réassurance identificatoire » (Kohut, 1971).

Mais ces deux derniers mouvements, parfois, nous l'avons dit, extrêmement développés, mobilisent chez certains sujets l'effort de la pensée et sans doute aussi l'intuition empathique dans l'ouverture à l'autre et aboutissent à des histoires tout à fait prenantes, créatives et expressives de leurs souffrances. Nous avions noté dans un précédent travail que les protocoles de personnalités à difficultés narcissiques graves étaient faits d'histoires construites très proches du contenu latent, dont la sensibilité à la fantasmatique évoquée par la planche était très perceptible, alimentant un texte sans grandes dérivations métaphoriques. Ils nous évoquent aussi une activité psychique un peu différente : dans son article sur le Moi-peau, D. Anzieu (1974) réfléchit, après P. M. Turquet (1974), au vécu en « grand groupe » et à son effet régressivant, entraînant la remontée défensive de mécanismes proches des modes de défense paranoïdes-schizoïdes, tels que les décrit Mélanie Klein. Les angoisses de morcellement, de perte d'identité moïque, y sont fortement réactivées,

---

1. Winnicott (1959), page 105. Souligné par nous.
2. Winnicott (1960), page 128. Souligné par nous.

dit-il, et les investissements défensifs d'activités de clivage, de projection et de recherche du lien y apparaissent massifs. L'expérience de groupe large est vécue comme « kaléïdoscopique ». Turquet note que « le sujet réemergeant comme tel de cette expérience, désire qu'un autre membre du groupe large parle de lui, afin d'entendre dire quelque chose qui lui semble pareil à ce qu'il pense ou ressent » (cité par D. Anzieu, 1974, p. 202).

C'est ce qui se passe pour le sujet, nous semble-t-il, à travers l'histoire narcissique qu'il construit au T.A.T. Il s'y repère et assure, dans le même mouvement, la représentation de soi si fortement mise en cause.

Dans le champ de la névrose, cette remise en cause, tout aussi forte, laisse possible un remaniement identificatoire à chaque planche, ou le plus souvent à certains moments du test. Celui-ci permet au sujet de répondre à cette « mini-crise » et de retrouver des possibilités de jouissance et d'aménagement du désir qui, pour être parfois très difficiles et très angoissantes, apportent tout de même la prime de plaisir — au moins inconsciente — qui accompagne tout vivre. Dans le champ des problématiques narcissiques ces remaniements identificatoires, cette souplesse ne sont justement pas possibles, l'identification elle-même étant, nous l'avons vu, mal assurée. Aussi le sujet ne peut-il alors que tenter de retrouver cette assurance, avec les mêmes modes que ceux qui sont repérés dans ces vécus régressivants du groupe large.

Ce *mouvement de réassurance identificatoire* rend sans doute compte aussi des investissements massifs du regardé, du donné à voir, et par déplacement métonymique et métaphorique du proposé à toucher, à sentir, à ressentir, à palper. D. Anzieu, dans le même article, ajoute aux réflexions de Turquet que nous citions plus haut une incise qui nous paraît aller dans ce sens :

> « La même évolution joue pour le regard et sa recherche du doux, du moelleux, du fourré. Le velu, qualité à l'origine tactile et métaphoriquement étendue ensuite aux autres sens... » (*ibid.*, p. 202).

Nous retrouvons là la référence de ces recherches aux travaux de Bowlby et à son hypothèse d'une pulsion d'attachement indépendante de la pulsion orale.

L'insistance dans nos protocole sur le touché, l'investissement du sensoriel, du donné à voir ou presque à palper, du contour, des ombres, de l'épaisseur, l'utilisation, pour dire le monde psychique, de l'attitude, des positions dans ce qu'elles expriment de l'affect, semblent pouvoir être rapportés à une *vigilance très grande quant à l'externe, à la réalité du dehors.* Et ceci de manière très différente d'une personnalité obsessionnelle qui s'appuie sur les attitudes et les positions des personnages de la planche pour « objectiver » son histoire et la « purger » de toute implication affective, la rendre objet « pur » de pensée. Ce type de personnalité narcissique se réfère — depuis toujours sans doute — dans un « comme l'autre », en miroir, « connaissance paranoïaque » (Lacan, 1948) qui fut constitutive pour chacun d'entre nous mais reste mouvement privilégié pour ces fonctionnements. Si ce mouvement envahissant est nécessaire à leur adaptabilité, ce n'est ici qu'au prix d'un éventuel surconformisme, subi plus que voulu et extrêmement appauvrissant qui rappelle encore une fois le fonctionnement en faux-self.

8 La clinique du vécu dépressif : un T.A.T.-exorcisme ?

« Celui qui écrit et celui qui lit se ressemblent. La cible de l'humoriste est sa propre image. (...) L'envers de sa haine est devenu l'endroit de sa verve. »

(J. Guénot, s.d., p. 61)

« L'extérieur, l'objet, le haï seraient, tout au début, identiques. »

(S. Freud, 1915 *b*, p. 39)

Ces histoires « a-conflictuelles » peuvent aussi nous entrainer dans un monde où nous est contée une toute autre histoire : le petit Poucet y est toujours orphelin, rejeté ou abandonné, mais ne trouve dans aucune figuration d'ogre ou de marâtre la représentation qui lui ferait reprendre pied dans les fantasmatiques marquées par l'Œdipe. La problématique est celle d'un deuil impossible.

Trop présent dans certains protocoles, il les vide de tout mouvement pulsionnel, de tout engagement dans une fantasmatique porteuse de jouissance. Pour d'autres sujets, ceux d'ailleurs dont le vécu dépressif clinique est moins actuel, moins massif, ce deuil devient l'objet d'un véritable exorcisme. Le T.A.T., discours magique, vise à expurger le monde fantasmatique de l'image de l'objet et à combattre la « nostalgie » (M. Klein, 1940, p. 346) qu'elle suscite.

LE STYLE DÉPRESSIF

Un vide trompeur : balayer l'autre de la scène interne

C'est en effet autour de ces deux modes principaux que nous pouvons réunir les protocoles des patients dépressifs sur lesquels nous nous sommes appuyés [1].

Les contenus manifestes d'histoires organisées autour de la mise en scène de relations de perte, de support, d'étayage en sont absents. Ou, de meilleur pronostic, ils n'apparaissent que dans les moments de « remontée », impliquant le relationnel et la conflictualisation : l'autre y est alors reconnu, même comme manquant. On le dit responsable de son absence, frustrant, bourreau, « le coupable ». Éventuellement il lui est intenté un procès, jouissif et interminable. Ou encore il sera vampirisé dans un appel à l'aide toujours insatisfait, toujours sans réponse suffisante ; ainsi Dorothée [2] :

> *« Cet enfant est malheureux car il a cassé sa guitare, il est très songeur. (?) Il va pleurer,* il va en redemander une autre. *»* (Planche 1.)
>
> *« Cette fille est romantique, elle est songeuse, on dirait qu'elle est triste...* on dirait qu'elle a l'air de chercher un secours, elle demande à être aidée. » (Planche 2.)
>
> *« Cet homme est en prison, déprimé, malheureux,* il attend du secours. » (Planche 3.)

Le psychologue est appelé comme témoin ou encore comme juge, « justificateur » de la haine et de l'agressivité. Le jeu entre les instances psychiques (Moi, Surmoi) y est tout autant repérable que la critique d'une « réalité » trop « mauvaise ». Celle-ci est plus souvent évoquée lorsque le psychologue, idéalisé, se trouve choisi par le sujet en test comme « le bon samaritain », enfin rencontré.

Nous ne tiendrons pas compte, dans la première partie de ce chapitre, de l'organisation paranoïaque de la vie fantasmatique que le T.A.T. peut

1. Ces protocoles ont été choisis parmi ceux de « malades » dont la symptomatologie dépressive était première, sans qu'on puisse la considérer comme de l'ordre de la mélancolie ou comme expression dépressive repérable dans une structure névrotique franche.

2. Nous avons ajouté les protocoles de Dorothée et Dominique aux cinq T.A.T. typiques que nous avons choisis : cas particuliers (refus, ou investissement du champ relationnel dans une intense dépendance et dans la revendication paranoïaque), ils apparaissaient paradigmatiques de T.A.T. recueillis en moment d'acmé de la crise dépressive.

permettre de déployer : elle témoigne d'un niveau d'aménagement de la réalité interne qui, pour être onéreux, n'en est pas moins restaurateur de la vie psychique. Nous suivons ici M. Klein (1934, 1940) et considérons qu'un certain nombre d'*aménagement de type persécutif* sont avant tout défense contre la dépression.

> « Nous voyons donc que les souffrances liées à la position dépressive rejettent le sujet dans la position paranoïaque. Néanmoins, et bien qu'il s'en soit retiré, la position dépressive a été atteinte et le danger de la dépression reste donc toujours présent » (Klein, 1934, p. 321).

Le clinicien a cependant avantage à différencier un tel aménagement de réponses paranoïaques liées à d'autres registres. Le protocole, ici fortement sensible à l'émergence dépressive, devrait l'y aider.

Beaucoup plus souvent, et c'est là une constatation clinique triviale, les protocoles dépressifs sont très *restrictifs.* Les sujets « se débarrassent » de leur tâche et, à l'inverse des sujets du groupe précédent, ne paraissent y prendre aucun plaisir. Ils répondent à la demande — eux aussi — mais *a minima* : de longs silences, des soupirs qui déchargent la tension, des histoires courtes proposées en un temps très long. Dans certains cas, le sujet répond aux deux ou trois premières planches, puis s'installe dans un refus total qu'il justifie par sa propre incapacité. Cette incapacité, ces *vécus d'impuissance,* facilement mis en avant, à la fois carapace et armure flamboyante, sont à rapprocher du « Soi grandiose » de Kohut (1971). Ils font, entre soi-même et la demande de l'autre, un rempart difficilement pénétrable. Ainsi Dominique[1] :

> *« C'est un petit garçon qui réfléchit, il sait peut-être pas en jouer, je n'ai aucune idée, je n'invente jamais rien. J'en sais rien de ce qu'il veut faire. »* (Planche 1.)

Après une planche 2 plus élaborée, mais cependant sans dénouement, malgré la sollicitation du psychologue *(« aucune idée de ce qui peut leur arriver »),* elle poursuit à la planche 3 :

> *« Un enfant qui pleure (?) il sait peut-être pas où aller, c'est tout. »*

Et à la planche 4 :
« Une dispute. »
Puis elle refuse la suite du test : elle ne veut rien dire de plus, ne rêve jamais, est scientifique *(sic !),* n'aime que son chien.

1. Cf. note de bas de page 120.

De fait l'engagement est évité au maximum et ces protocoles apparaissent toujours appauvris, conformisés, répondant tout à fait aux mouvements que la grille de lecture de V. Shentoub caractérise en C.

Est-ce ce « désengagement » quant au conflit, quant à un éprouvé de souffrance, que caricature, dans les thématiques des histoires, *l'appel à la paix, à la sérénité, au repos ?* Nous le retrouvons au long de ces protocoles. Donatienne y recourt à l'issue de la planche 2 :
« Elle se repose, quoi. »
Cela devient pour elle une manière plaquée d'éviter tout conflit :

> *« Scène paisible, une petite fille qui a sa poupée, sa mère lui donne des conseils. C'est une éducation de petite fille, mais la fille est un peu détournée de ça, elle se tourne vers un autre avenir où elle fera autre chose que de s'occuper de ça, sans rejeter. C'est paisible, mais elle veut se réaliser autrement. »* (Planche 7GF.)

« C'est une femme (...) elle fait un coin calme, apaisé. » (Planche 5.)
Réponse fréquente aussi à la planche 3 dans cette série de protocoles :
« Une personne qui se repose »,
« Cette personne se détend, se repose »,
Cela devient parfois un *leit-motiv* et attire alors notre attention par cette persévération inhabituelle : il faut que tout soit calme, paisible, sans conflit. Le sujet semble dépenser son reste de force à « vider » son monde fantasmatique de toute souffrance, de toute guerre et en même temps de toute vie. Ce qu'il s'agirait d'animer en effet, pour notre partenaire au T.A.T. — et c'est là son paradoxe —, c'est *un monde où l'autre n'existe pas.*

> *« Là j'ai envie de voir que la fille devant, comment, le reste ne m'intéresse pas du tout. Elle a couru, elle est très fatiguée (encore !) (...).* (Delphine, planche 2.)

Cette fois, la fantasmatique narcissique est trop consciemment investie. Delphine, à la même planche, la lie à l'indifférence, la sienne et celle de l'autre :

> *« ... elle a cherché quelque chose qu'elle n'a pas trouvé. Il peut se passer n'importe quoi autour d'elle, ça la laisse indifférente, même dans les livres elle n'a rien mais elle continue à chercher jusqu'à ce qu'elle n'en puisse plus. Trouvera-t-elle ? Je ne sais pas. Autour d'elle c'est l'indifférence totale... »*

Tout amour, toute relation est à éviter, à repousser avec une énergie désespérée : il implique la perte et la souffrance, une souffrance telle — et nous retrouvons là une parenté avec les protocoles précédents —

qu'elle semble engloutir la vie même. De ce moment d'engloutissement, nous retrouvons la trace dans les représentations qui, par moments, s'associent à l'angoisse : un temps de sidération les annonce, tout à fait proche du mouvement de défense qui précède les représentations phobogènes[1]. L'émergence en est immédiatement déniée, ou traitée comme « nulle et non avenue ».

C'est de nouveau Delphine à la planche 5 :

> *« Ça me fait penser à la mort de ma grand-mère. Après l'enterrement tout était là, intact, et en même temps c'était le vide. Je ramène tout à moi... »* (Long silence.)

Ou Denis à la planche 11 :

> *« C'est une vue prise dans une forêt... Y'a une route là, on s'ennuie... Je sais pas, j'ai l'impression qu'il y a un accident. Je sais pas ce qui va arriver.* C'est vraiment désert *ce coin-là. C'est tout. »*

La mort apparaît très souvent présente, clairement évoquée, plus souvent sollicitée que chez les sujets narcissiques pour organiser les issues de l'histoire. Nous venons de le voir pour Delphine. Nous la retrouvons à la planche 3 bien sûr, presque toujours à la planche 6 BM (David, Denis), encore présente en 8 (Tristan), bien entendu en 13 (Danièle, David, Donatienne), où nous avons trouvé cet étonnant commentaire : *« Je l'aimais trop, je l'ai tué. »* (Danièle.)

Tristan traite le même thème de la mort de l'objet aimé dans un registre assez proche à cette même planche 13 :

> *« ... C'est le matin... l'homme vient de découvrir... le cadavre de son amie... il ne comprend pas... et semble très abattu. Il n'a qu'un seul mot, une seule phrase à la bouche : « Pourquoi as-tu fait ça ? » Mais elle ne pourra jamais lui expliquer. »*

Évoquée à la planche 2 par Danièle, nous rencontrons la mort à chaque détour de leur route, figure curieusement familière, surgissant par hasard (Dorothée, planche 19), sans que l'histoire l'ait fait prévoir.

Mais plus saisissante encore apparaît sa présence en négatif : *« Je ne vois pas de personnes vivantes »,* constate David à la planche 11, après un silence.

---

1. Elles en ont d'ailleurs été rapprochées dans les anciennes grilles de dépouillement de V. Shentoub.
C 9 : « évocation d'éléments anxiogènes (phobiques ou dépressifs) suivis ou précédés d'arrêts dans le discours. »

« C'est vraiment désert ce coin-là », dit Denis à cette même planche.

L'interrogation inquiète sur l'animé, le vivant, se retrouve tout au long des protocoles. Tristan se rassure à la planche 19 :

> *« Le château bien modeste... revêt dans cet éclairage d'hiver des formes étranges :* l'on y vit *puisque de la lumière apparaît (...) »*

Noël s'interroge, planche 2 : *« Je ne sais pas si c'est une statue ou un être vivant. » ;* ou précise planche 11 : *« des êtres vivants : un cheval, des personnes ».*

Un monde mort, vide, se déploie devant le psychologue ; si le mot même de « vide » survient dans le contenu manifeste du récit, il reste alors tel quel, sans que s'y engrène une représentation (Cf. plus haut, la planche 5 de Delphine).

Bien entendu, c'est surtout à la planche 16 que ce *vide* apparaît, avec en second temps (le premier temps étant parfois non apparent), des représentations de chaleur et de vacances, presque toujours de plage, dont nous verrons plus loin la place économique :

> *« Alors là c'est l'astuce. C'est une page blanche. Il ne s'est rien passé. C'est le vide. On ne peut rien mettre. Ou alors une image de Cannes ou une photo de Carthage. J'y mettrais une scène en plein été avec des gens heureux qui se baignent, jouent... une plage. »* (David.)
> *« C'est une page blanche (?) (...) mettre à la poubelle. On pourrait dessiner dessus. (?) N'importe quoi, coucher de soleil par exemple... des barques en toile de fond (etc.)* (Denis.)

Certains, devant ce vide, se raccrochent aux perceptions externes, là rassurantes : *« C'est votre blouse »,* ou aux gestes imaginés, comme Tristan dans cette réponse saisissante :

> *« Faut que je vous fasse un dessin ? (...) sur un carton blanc il faudrait toujours pouvoir écrire ou dessiner, car les mains aident la pensée à s'exprimer ou elles illustrent et complètent les paroles... Mais ce carton doit rester blanc, comme il doit être le support de sa propre histoire de carton blanc. Et dessiner un carton blanc sur un autre carton blanc, etc. »*

D'autres enfin, ou les mêmes, vont tenter de décharger l'angoisse dans un mouvement agressivo-ironique visant le psychologue (Denis, Tristan). Tous se retrouvent à la planche 16 devant le monde vidé qu'ils se sont donné tout au long du protocole et ils n'ont au mieux, devant ce froid désert, que le secours d'un déni extrêmement fort qui leur ferait y voir le soleil. Ou l'acharnement à vider encore et toujours le monde de cet autre dont l'avatar actuel, dans la situation de test, serait le psychologue.

Le court-circuit efficace : humour, ironie, pirouettes

Ce mouvement de déni associé à cette désertification, ces expressions d'agressivité ironique visant la situation de test ou le psychologue, nous introduisent à ces mouvements de discours qui, plus encore que la thématique, caractérisent le style des histoires T.A.T. de tels protocoles.

Nous les voyons passer au premier plan à la fin d'histoires marquées par ce mouvement de mort ; ou, en fin de protocole, donner issue à l'angoisse qui accompagne, chez ces sujets, ce mouvement de « vidage » pulsionnel. Nous les considérons comme une remontée, une défense efficace et parfois dégageante devant l'angoisse dépressive. Aussi est-ce de la présence de ces mouvements, lorsqu'ils deviennent très marqués, que nous inférons un moment dépressif dans les protocoles habituels, moment qui, sur le plan thématique, apparaît beaucoup plus dans sa négativité qu'à travers la production, que justement il inhibe. Une fois de plus, comme dans les problématiques du champ névrotique, c'est dans le mouvement de la défense contre ces angoisses que nous pouvons repérer la polarité sous-jacente. Attardons-nous sur ces mouvements que nous allons regrouper selon trois axes.

Avec le premier axe, le sujet joue de la pensée pour court-circuiter l'affect, mais sur un mode qui donne à réfléchir ; il recouvre *l'humour,* coup d'œil complice au psychologue, prise de distance qui affirme déjà sa maîtrise par rapport à ce qui est vécu, souffert, et marque en même temps le rapport sadique à soi-même.

Sur le second axe, celui de l'agressivité qui se défléchit vers le psychologue, le sujet dévoile une *ironie* parfois très subtile, bien intégrée, porteuse de plaisir, parfois grinçante, amère, dysphorique.

Enfin, *troisième axe,* si ce mouvement se crispe, le sujet tombe dans ce que nous avons appelé une *« pirouette »,* qui lui permet de s'en sortir facilement, au prix non plus d'une distance mais d'une discrète distorsion de la réalité. Entre autres, *« le clin d'œil au psychologue »* vise à affirmer que le sujet en test, soumis ici à l'épreuve de son monde psychique et se trouvant interrogé au nœud de lui-même, et le psychologue qu'il a accepté comme témoin, sont en dépit de cela à égalité et complices.

Plutôt que d'en donner de multiples exemples, nous évoquerons ici le protocole restrictif de Donatienne où les mécanismes d'insistance sur le calme, sur l'apaisement, tentent de venir prendre la place d'une expression du conflit sans vraiment y parvenir. La planche 19, dont on connaît la sollicitation à organiser le monde selon une bipolarité dedans/dehors et bon/méchant, suscite chez elle un effort de déni beaucoup plus actif (autre mode d'organisation de l'histoire que nous allons approfondir tout à l'heure) et elle répond à la planche 16 : *« Combat de nègres dans un tunnel. »*

Mouvement d'ironie, pirouette qui aurait pu être dégageante mais qui, pour elle, ne suffit pas. Elle poursuit, dans un fort mouvement de dénégation qui lui est devenu possible :

> *« L'impasse, le trou, la neige,* l'ambiance feutrée par la neige. On ne sait pas ce qui se passe, à la fois serein d'extérieur, mais on ne sait pas. »

Ce monde-là n'est pas totalement vidé, le conflit évité est encore perceptible, anime encore la vie psychique comme, d'ailleurs, le compte rendu psychologique nous l'apprend, la vie tout court.

C'est le mouvement même de Tristan tout au long du T.A.T. (fin des planches 2, 3, 6, 11), qui lui sert de dégagement et qui culmine à la planche 17[1] après un long silence :

> *« ... L'acrobate s'entraîne, mais sur son parcours il n'oublie pas de regarder les demoiselles de la fanfare, car c'est un* tombeur, notre ami *l'acrobate. Tout en muscles et en souplesse. Et jamais en retard pour une petite aventure...* mais un jour il se fera prendre au filet qui est bien aussi, n'est-ce pas, un accessoire de sa profession ? *Alors...* là on sait qui le prendra. »

Ironie agressive que nous percevons plus ou moins bien intégrée à l'histoire, plus ou moins disruptive (Cf. Denis : *« mettre à la poubelle »*, page 124), permettant à la fois de décharger l'angoisse et l'agressivité haineuse sous-jacente, et qui court en filigrane sous toutes les thématiques des histoires qui se terminent sur ce mode.

C'est en effet dans des protocoles de consultants tout venant, évoquant une symptomatologie dépressive sans que celle-ci, massive, ait nécessité une hospitalisation, que nous trouvons le plus d'exemples de ces mouvements que nous considérons comme aidant la remontée, et à

1. Rarement présentée (du moins, dans l'optique de V. Shentoub), cette planche montre un homme au corps très musclé montant (ou descendant) le long d'une corde.

valence positive, quelqu'en soit le prix. Constatation cohérente avec les indices de lisibilité de l'histoire, généralement dans ce cas tout à fait « ronde », exerçant même un fort pouvoir de séduction sur le psychologue, toujours prêt lui aussi à se faire complice des mouvements d'évitement de la souffrance, surtout si ceux-ci témoignent d'un joli travail de la pensée.

Évoquons un dernier exemple, l'organisation de la planche 16 de Gaëtan, le jeune homme dont l'article de V. Shentoub et R. Debray (1978/79), « Que faire d'une excessive richesse fantasmatique ? », analyse le protocole.

> *« Je vois des esquimaux qui apparaissent peu à peu au milieu d'une tempête terrible pourchassant un ours blanc qui court à une telle vitesse qu'ils ne peuvent pas l'attraper. Et puis ils continuent à marcher péniblement avec leurs femmes et leurs enfants, souffrant du froid et de la famine. Ils mangent leurs chiens. Finalement ils n'ont même pas la force d'avancer, se serrent les uns contre les autres et le chef dit : parce qu'il n'y a rien à manger on va manger la grand-mère et la découper en lanières. A ce moment là on entend un bourdonnement et un bruit de chenilles et on voit arriver Paul-Émile Victor dans une chenillette qui leur déconseille de manger la grand-mère et leur donne des boîtes de corned-beef. »*

Lisibilité excellente, notent les auteurs, présence d'un thème cru qui exprime des positions archaïques atténuées par l'ironie. Si l'on suit leur analyse, on repère que cette planche 16, planche du blanc auquel Gaëtan résonne fortement, suit les planches 19 et 14 où les auteurs notent « la coloration un peu hypomane » (planche 19) et « le bref retour à l'image grandiose » (planche 14), mouvement inauguré par une réaction à la planche 11 très proche du contenu latent où les auteurs notent aussi la nuance mégalomaniaque et les défenses maniaques. Nous aurions pour notre part tendance à ajouter que ce moment de grande créativité nous apparaît comme l'aspect positif de ce qui pourrait être lu comme une réaction un peu désespérée de lutte contre la dépression, le mauvais, la haine devenus présents, avec parfois le recours à des mécanismes plus lourds, par exemple à la planche 19 :

> « *(...) les phoques passent leur temps à faire des exercices en passant le ballon sur leur nez et* les éléments ne peuvent rien contre leur gentillesse. *Une pieuvre furieuse* de ne rien pouvoir faire contre eux. *Mère et père phoques* ignorent complètement les dangers du monde extérieur. *Rappel de la vie intra-utérine. Et ça continue comme.* Leur quiétude ne peut être troublée par ce qu'ils ignorent effectivement. »

« Tout le monde il est beau, tout le monde il est gentil ». Le déni et l'idéalisation

Peut-on mieux illustrer le déni, mouvement que nous repérons dans les protocoles organisés pour se défendre d'un envahissement dépressif ? Il est ici textuellement affirmé et son affirmation même concourt sans doute à son pouvoir d'exorcisme. La toute-puissance de la pensée ne tient plus compte de la réalité externe, désinvestit même l'épreuve de réalité.

Cette épreuve de réalité était dans les moments narcissiques l'arrimage réassurant. Ici elle est perçue au service de la reconnaissance de la place essentielle de l'autre, cet autre autant haï qu'aimé, qu'on ne peut « jeter dehors », « cracher », sans vider en même temps toute la vie psychique. Cet autre de la haine, ce mauvais, nos sujets l'ignorent « effectivement » dans les faits, dans l'épreuve des faits. Ils construisent un monde où la haine, le conflit, la rivalité n'existent pas, où la souffrance n'est plus perceptible : « Tout le monde il est beau, tout le monde il est gentil. » Rien ne doit être évoqué d'un drame, sinon sur le mode ironique, affirmant une toute-puissante maîtrise (Cf. le protocole de Tristan).

Ce mouvement, encore perceptible à travers la dénégation ou l'annulation dans les protocoles les moins vidés d'élément pulsionnel, prend une place centrale dans les protocoles plus « marqués », amputant la réalité soit de sa connotation de conflit et de haine, soit même de ce qui pourrait être perçu comme angoissant. Nous évoquions ce mouvement chez Donatienne à la planche 19 (Cf. page 126) :

> *« (...) c'est rigolo, très mignon, des petites maisons de nains qui vivent dans un paysage lunaire mais drôle, rigolo... c'est tout, ça se passe bien, tout est calme. »*

Ici, la désertification angoissante réapparaît à travers *« le paysage lunaire »* et le conflit, dans sa dénégation *(« ça se passe bien, tout est calme »* — on se souvient du poids de ce mot pour Donatienne —), reste très présent.

Mais le mouvement peut être beaucoup plus massif et en un sens — mais à quel prix ? — plus efficace. C'est, par exemple, Norbert (son protocole s'étant jusque-là situé dans la fantasmatique narcissique) qui, son mode d'organisation étant désarçonné par le vide de la planche 16, réagit sur un mode fortement anti-dépressif, avec la nuance d'*idéalisation* dont nous allons ensuite repérer l'importance pour tous ces sujets :

> *« Et oui, vous savez à quoi... à une vieille blague... comment occuper un belge toute la journée ? Vous savez... Je crois que c'est Rodin qui disait que la plus belle statue est à l'intérieur d'une pierre brute. Disons que c'est le plus beau dessin que j'aurais vu... pas le plus beau, le plus intelligent. »*

Ou Nadette à la planche 11 :

> *« Çà c'est joli, c'est un joli paysage (!). Je vois une cascade, des rochers. Ce serait une promenade agréable à faire (...)* (Suit une histoire plus labile, Nadette ayant pris appui sur son mouvement pour animer le paysage et mettre en place un couple d'amoureux.)

Elle va réutiliser le même mouvement à la planche 19 :

> *« Ça me fait penser à Hans et Gretel, le conte de fée avec la maison en pain d'épice.* Ça c'est quelque chose de gai, on danse à l'intérieur, on se plait, on joue de la guitare, on vit en communauté. Je crois que c'est le bonheur là, la vraie rencontre avec la vie... avec les gens. *C'est tout. »*

Proposons, pour clore cette série d'exemples, la réponse de Tristan à la planche 11. Un long silence marque « le choc », l'angoisse que suscite cette planche — conformément à son contenu latent. L'histoire élaborée se sert à la fois de l'humour et, plus grinçante, de la pirouette et du déni, de la mise en scène enfin d'un *héros « grandiose »*, idéalisation caractéristique des discours antidépressifs.

> *« ... C'est une image pour bande dessinée fantastique... Sur la nouvelle planète, l'éléphant aux ailes de papillon (!) utilise les ruines de quelque ancienne civilisation comme terrain de promenade.* C'est un des rois de cette planète et il ne craint pratiquement aucun ennemi. *Il se nourrit de pierres... volcaniques... qui lui demandent de très longues digestions.* Néanmoins en cette belle journée (!) il ne redoute rien de particulier. *Suite au prochain numéro. »*

Magnifique dégagement, créatif et partageable (de bonne lisibilité) mais que le poids de mécanismes lourds et répétitifs rend émouvant par la détresse même qu'il s'évertue à éviter. Qu'il cache aussi à travers cette mise en scène mégalomane d'un roi de la planète.

Ces personnages grandioses habitent, nous l'avons vu, le protocole de Gaëtan[1]. Nous les retrouvons dans les moments dépressifs des proto-

---

1. Le « Méphisto » de la planche 11, « l'homme monstrueux » qui fera « sauter la planète » planche 8, etc. (Cf. l'article de V. Shentoub et R. Debray : « Que faire d'une excessive richesse fantasmatique ? » 1978-79).

coles habituels et très particulièrement à la planche 1 : le grand Yehudi Menuhin, Roberto Benzi, génies musicaux, enfants prodiges, représentations que facilite le contenu manifeste de la planche.

Mais bien plus souvent, comme dans les protocoles que nous avons regroupés autour du champ narcissique, les images « grandioses » idéalisées le sont dans une valence négative. C'est parfois la faiblesse, la dévalorisation qui sont dites de manière compulsive, comme le fait Delphine à la planche 1 :

> « *Pour moi, c'est un petit garçon qui voudrait faire de la musique. Il ne peut pas, il est bloqué — peut-être mon cas. On sent qu'il a très envie mais il est impuissant, à la limite c'est trop beau... il est si petit devant le violon. Là je vois le violon beaucoup plus fort que l'enfant* (en E, ici l'histoire dérape et met en scène une curieuse confusion de registre — Cf. chapitre 9 —). *Il est très triste finalement. il a beaucoup de choses à exprimer qu'il ne pourra jamais exprimer. Il y a une très grande tristesse, y a pas de fin... la musique c'est pour lui quelque chose de très beau et il est impuissant devant.* »

« *S'il pouvait se mettre plus bas,* dira-t-elle à la planche 3BM *je crois qu'il le ferait.* »

Pourtant, et c'est tout à fait net, ce mouvement d' « idéalisation » même négative, n'est pas caractéristique de ces protocoles, alors qu'il se repère massivement dans les protocoles à fantasmatique narcissique sous-jacente. Ce qui marque les premiers, mais souvent se repère dans l'infra-verbal, dans la restriction, les placages, le conformisme, l'abandon de la tâche, c'est ce que Delphine peut encore « dire » en termes d'impuissance (planches 1, 6, 9), d'indifférence (planches 2, 4) ou comme dans cette histoire de la planche 11 :

> « *C'est un chemin que je ne prendrai jamais... peut-être parce que je l'ai déjà trop pris... (?) ... je sais pas, c'est la culbute à chaque pas, pour avancer d'un pas il faut en faire dix en arrière, c'est la culbute totale, ce qui m'est arrivé jusqu'à présent, quoi.* »

C'est finalement *l'appel à l'aide, sans espoir,* plutôt preuve une fois de plus donnée à soi-même qu'il n'y a rien à faire, rien à espérer, rien à entreprendre, dans un vécu abandonnique qui teste la permanence et la fidélité d'un autre qui ne peut être repéré que manquant.

DYNAMIQUE...

Position dépressive et défenses maniaques : Mélanie Klein

De tels protocoles nous renvoient aux travaux de M. Klein (1934, 1940) dont ils pourraient paraître l'illustration. S'inspirant des travaux de Freud et de K. Abraham sur la mélancolie[1], elle insiste comme eux, dans la problématique du deuil, et plus encore dans celle de la dépression, sur la dimension de l'agressivité. Mais elle postule cette problématique de la dépression comme normale, traversée par tout être humain. Elle la situe d'abord comme contemporaine chez l'infans de la constitution de l'objet global (et donc, dirions-nous, contemporaine de la constitution d'une représentation de soi globalisée, qui se forme dans le même mouvement). Globalisé, l'objet devient potentiellement destructible par les projections agressives qui servaient de défense à l'enfant devant le mauvais, interne et externe. Il est perdu, ou à perdre, et l'enfant vit cette perte, *actualisée dans son monde interne*[2], à travers une intense nostalgie.

Petit à petit, il élabore cette perte, grâce à un travail très proche de celui du deuil, en se servant de l'épreuve de réalité et des expériences du monde externe.

> « On peut penser que c'est à ce moment que l'ambivalence s'établit [...]. A ce stade de développement, l'unification des objets extérieurs et intérieurs, aimés et haïs, réels et imaginaires, s'accomplit semble-t-il de telle sorte que chaque progrès dans ce sens entraîne un nouveau clivage des imagos. Mais à mesure que l'adaptation au monde extérieur s'améliore, ce clivage s'exerce sur des plans de plus en plus proches de la réalité. Ce processus se poursuit jusqu'à ce que l'amour pour les objets réels et intériorisés et la confiance en eux soient solidement établis » (Klein, 1934, p. 339).

---

1. On se souvient du modèle freudien :
   1. le sujet perd son objet,
   2. il l'intériorise, s'identifie à lui,
   3. la haine qu'il portait à l'objet devient haine d'une partie de lui-même.

   Deux rapports préalables à l'objet facilitent le passage du deuil normal à la pathologie :
   1. un rapport *d'ambivalence (et non de conflictualisation),*
   2. un rapport narcissique (Abraham le dit « anal », de possession) qui va favoriser une relation identificatoire particulière.

2. M. Klein soutient que l'enfant intériorise constamment les objets externes. Toute expérience de la réalité aurait son double dans l'interne. Double différent de l'externe : modifié et par le pulsionnel infantile et par le mouvement même de l'intériorisation. La perte de l'objet, sa mort pourraient être vécues dans l'interne. Les expériences de manque de la mère ajouteraient à cette réalité interne une réalisation externe, les « bonnes » expériences au contraire, permettraient d'en adoucir la prégnance.

Reconnaissant la perte dans la réalité, il devient susceptible à d'autres moments de « retrouver l'objet » dans cette même réalité et de supporter le manque, sans que la permanence du bon objet et celle de la possibilité de fantasmer le désir qui l'anime, lui sujet, ne soient mises complètement en cause.

Au fur et à mesure de l'évolution de sa pensée, M. Klein prolonge la durée de cette position dépressive, la faisant coïncider, plus ou moins, avec l'élaboration de la névrose infantile qu'elle accompagne.

Mais l'enfant est d'abord très dépourvu dans le maniement de ces affects et de la tension qui résulte de ce moment maturatif. L'appareil psychique s'organise pour les fuir dans un certain nombre d'attitudes défensives.

> « Cette position (la position dépressive) une fois atteinte, le Moi se trouve dans l'obligation d'élaborer des moyens de défense supplémentaires propres à combattre cette « nostalgie » en particulier. Ces moyens sont d'une portée fondamentale pour l'organisation du Moi dans son ensemble. J'ai désigné ailleurs quelques-uns de ces moyens sous le nom de défense maniaque ou de position maniaque, à cause du lien qui les unit à la maniaco-dépressive » (Klein, 1940, p. 346).

> « L'oscillation entre la position dépressive et la position maniaque est un élément essentiel du développement normal. »

Mélanie Klein la décrit longuement :

> « La toute-puissance, la négation[1] et l'idéalisation, liées intimement à l'ambivalence, permettent au Moi du jeune enfant de s'affirmer, jusqu'à un certain point (...) face à une dépendance servile et dangereuse à l'égard de ses objets aimés » (*ibid.*, p. 347).

Elle montre le lien qui unit peu à peu mécanismes obsessionnels et défenses maniaques (*ibid.*, p. 348), dans l'effort de réparation de l'objet, seule issue évolutive, de son point de vue, à ce moment difficile.

> « Les défenses maniaques agissent en liaison si étroite avec les défenses obsessionnelles que la peur du Moi devant un échec de la réparation entreprise par des moyens obsessionnels s'en trouve accrue. *Le désir de maîtriser l'objet, la satisfaction sadique de le vaincre ou de l'humilier,* de l'emporter sur lui, de *triompher* devant lui peuvent participer dans une mesure si importante à l'acte de réparation que le cercle « salutaire » ouvert par cet acte se brise [...]. L'échec de l'acte de réparation pousse le moi à recourir toujours et sans cesse aux défenses obsessionnelles et maniaques. »

---

1. M. Klein dénote par ce terme (1934, p. 312) « la scotomisation ou *négation de la réalité psychique* » et le déni de cette souffrance vécue.

Et elle insiste :

> « A ce propos, je tiens à souligner la portée du *triomphe*, intimement *lié au mépris*, et à *la toute puissance* comme éléments de la position maniaque[1]. »

Ce sont bien ces défenses maniaques que nous avons vu mobiliser le discours narratif de ces protocoles.

Leur caractère commun le plus apparent, c'est ce vide relationnel forcé : il n'y a pas de conflit, il n'y a pas de souffrance, il n'y a pas d'autre, il n'y a pas de vie psychique. N'y aurait-il pas là, précisément, déploiement à l'intérieur même de la vie psychique de cette négation de la réalité psychique dont parle M. Klein ?

> « La toute première négation, écrit-elle (1934, p. 327), est celle de la réalité psychique. Après quoi le moi peut étendre la négation à une bonne partie de la réalité extérieure. »

C'est là ce que nous avons vu à propos du travail perceptif dans ces protocoles : scotomisation d'éléments à valence négative, des percepts manifestes dysphoriques (planches 19, 11, 10), à plus forte raison de la conflictualisation mise en scène par chacun des contenus manifestes de la planche.

Nous avons là à nous déprendre d'une position subjectivée, pour ne pas avoir à faire de contre-sens interprétatif. Il ne s'agit pas d'une intention, même inconsciente, de notre partenaire de la situation. Il s'agit d'un mouvement interne dont il est le lieu, qui agit en lui. Cette éclipse de tout investissement fantasmatique de l'autre et de soi-même, il en est le théâtre, il la subit, il en souffre.

Et s'il peut, dans un recours à ces mouvements de projection que M. Klein évoque comme primitifs, rejeter de nouveau cette souffrance interne sur un externe qui en serait responsable, il donne enfin un sens à des vécus sans espoir. Il peut retrouver une position active dans une fantasmatique où un autre, et non lui-même, devient responsable de son malheur, persécuteur à confondre, le Mauvais. Un bon objet réapparaît épuré, idéalisation, espoir, susceptible — un jour — de tous les investissements. Un jour, quand le procès actuel, « infini », aura trouvé sa fin.

Ce perpétuel aller et retour de l'élaboration de la position dépressive à la réutilisation — après coup cette fois — de mécanismes projectifs et au réinvestissement défensif d'une position paranoïaque a été bien noté par M. Klein.

1. *Ibid.*, p. 349. Souligné par nous.

« En ce cas, comme dans d'autres cas analogues, ce renforcement des peurs et des soupçons paranoïdes constituait une défense contre la position dépressive qu'il recouvrait » (Klein, 1934, p. 324).

En face de cette « solution », d'autant plus dangereuse qu'elle peut paraître un compromis positif, restaurant la vie psychique, on peut comprendre la positivité des défenses maniaques :

« Le moi incorpore l'objet d'une manière cannibalique (c'est le « festin » selon le terme employé par Freud dans sa descritpion de la manie), mais nie éprouver de l'inquiétude à son sujet. Ce n'est sûrement pas très grave, raisonne le moi, si cet objet particulier se trouve détruit. Il y en a tant d'autres à incorporer. » *Cette minimisation de l'objet et ce dédain*[1], sont, je pense, caractéristiques de la manie, et permettent au moi d'opérer ce détachement partiel que nous observons à côté de sa faim pour les objets (*ibid.*, p. 329).

L'ironie, l'humour lui-même, les clins d'œil à l'examinateur, autant d'attitudes et de pensées qui trahissent ce mouvement interne, et visent à minimiser la place de l'autre, ou de soi-même.

L'humour et la pirouette visent plutôt la représentation de soi. Retournement du sadisme contre soi-même, le jeu humoriste implique une intériorisation de la relation fantasmatique. Il apporte une « prime de plaisir » dans le court-circuit de la décharge par le jeu de la pensée. Aussi apparaît-il comme beaucoup plus « économique » et beaucoup plus évolué que la pirouette, presque toujours coûteuse : celle-ci biaise l'effort perceptif ou fragilise l'élaboration secondaire, peu ou prou mise en déroute.

L'ironie, les clins d'œils à l'examinateur, témoignent de ce dédain, de cet appétit de triomphe. Ils ne trouvent pas à se jouer sur la scène intérieure, et à se dire en écho dans l'effort narratif. Le sujet se sert alors — contre toute perception adéquate et de la consigne et de la situation de test — de la relation avec le psychologue pour lui faire jouer le rôle souhaité, faute de personnages internes à mobiliser avec plaisir.

Nous retrouverons des réactions assez semblables, mais prises dans des constellations différentes, dans des protocoles de psychopathes et bien entendu dans la troisième série de protocoles que nous allons étudier plus loin.

1. Souligné par nous.

La puissance de la haine/envie et la violence destructrice

Ces modulations originales du discours narratif ne remplissent pas le protocole, mais s'associent presque toujours au mouvement narcissique évoqué au chapitre précédent et à des modes discursifs particuliers. La description de ces derniers fera l'objet du prochain chapitre. Il nous faut pourtant en noter l'amplitude dans beaucoup de protocoles qui ont servi à l'élaboration de ce chapitre : protocoles recueillis auprès de malades, rappelons-le, ayant vécu un épisode dépressif sévère sans qu'il puisse être considéré comme mélancolique, ou repris dans un vécu névrotique franc. Le diagnostic psychiatrique était souvent difficile, hypothèse plus que convergence des cliniciens. Pour un certain nombre d'entre eux, le terme d'état limite était avancé[1].

Un protocole comme celui de Delphine, en plus des investissements paranoïaques de la relation (planches 7, 19) et de nombreuses mises en tableau narcissiques (planches 1, 2, 5, entre autres), pourrait être interprété en ce sens : les histoires des planches 1 et 11 par exemple présentent, dans la forme même du penser, des confusions de temps ou de registres. Ainsi cette confusion animé/inanimé à la planche 1, qui pourait être entendue comme une simple labilité dans le discours :

> *« Il est si petit devant le violon là. Je vois le violon beaucoup plus fort que l'enfant. »*

C'est aussi le cas du protocole de David, tout à fait riche, marqué par les investissements narcissiques, mais aussi par de multiples perceptions sensorielles (planches 4, 13, 16), par l'insistance perceptive sur le blanc et le noir, et par de discrètes émergences de processus de pensée infiltrés par la logique du processus primaire (planche 11). La fantasmatique agressive crue semble y faire irruption plusieurs fois sur le mode d'un fonctionnement limite. Cependant l'effort de contrôle de la réalité n'est pratiquement jamais mis en cause. Le sujet apparaît vigilant mais sans plus, et la tonalité dominante est bien celle de la lutte antidépressive.

Cette proximité entre ces trois modes (narcissique, dépressif et limite) d'investissement fantasmatique, d'aménagement perceptif et d'élaboration du fantasme, que nous avons regroupés dans cet ouvrage, reste une donnée incontournable. Sa rencontre empirique avait amené l'élargissement de notre travail premier sur les protocoles à investissement narcis-

---

1. C'est le cas dans les protocoles-exemples de Tristan, bien sûr, mais aussi de David et de Delphine. Le syndrome dépressif, cliniquement net, est mis en avant pour Danièle et Donatienne. Pour cette dernière ont été évoquées des difficultés narcissiques importantes.

sique important. Loin d'infirmer cette constatation, la suite de la recherche en a montré la fécondité. Aussi avons-nous ici, comme pour les protocoles plus marqués par l'effort de restauration narcissique ou par la blessure narcissique elle-même, à repérer la place des moments maniaques et dépressifs dans l'ensemble du protocole.

La dérive maniaque est toujours à situer dans l'économie du sujet. Mais, à l'opposé de l'histoire ou de la séquence d'histoire narcissique (à multiples fonctions, on l'a vu), son apparition dans un protocole est plus précisément significative : si le vécu dépressif est la chose du monde la mieux partagée... il n'apparaît pas dans n'importe quel contexte !

On rencontre les élaborations maniaques soit associées à des histoires témoignant d'un autre niveau d'élaboration (névrotiques, marquées des décompensations de la psychose ou de sa structure), soit totalement envahissantes[1]. Leur potentialité de dégagement, leurs ouvertures sur des moments de fragilité, voire de décompensation, leur association au mouvement persécutif, doivent être mises en évidence.

Ainsi le protocole de Denis, dans les exemples que nous avons choisis, apparaît « tenu » par l'investissement narcissique, et les modes maniaques que nous venons d'évoquer. S'ils cèdent, c'est pour des histoires marquées de bizarreries, de fantasmes crus (planches 2, 8, 11) qui témoignent de la faillite de l'élaboration secondaire, et peut-être d'un fonctionnement psychotique sous-jacent.

Les protocoles de Donatienne, de Danièle sont tout au long marqués de mécanismes maniaques, et quant au reste assez restrictifs[2] (comme celui de Dorothée).

Mais dans beaucoup d'autres protocoles, les moments d'élaboration fantasmatique de type névrotique sont relativement importants. La mise en scène, quand elle est investie, est celle d'une relation sado-masochiste (lien sado-masochiste entre une représentation identificatoire et un objet, ou entre deux représentations du sujet, conflictualisation interpersonnelle ou intrapsychique). Elle donne lieu à des aménagements ou des compromis défensifs, de type hystérique (Delphine, Dorothée) ou obsessionnel (David) — mécanismes d'élaboration de l'histoire de type « labile » ou « contrôle » —. Ceci, qu'il s'agisse d'expressions plaquées, « de couverture », ou au contraire de mises en scènes fortement inves-

1. A noter cependant que la planche 1 des protocoles — entrée dans le test — est souvent traitée à travers un mode conflictualisé.
2. On sait que l'extrême pauvreté du protocole dépressif franc le rend difficilement interprétable, faute de matériau...

ties. L'identification consciente se fait à un héros « obligé » « qui doit », « qui est contraint », qui fuit ou doit traverser des dangers. Par moments, des sentiments de culpabilité évoquent le champ névrotique. Ces organisations d'histoires apparaissent très fréquemment en planche 1, et le plus souvent aux planches 4, 8 et 9 qui sollicitent fortement le mouvement agressif. Ils sont presque toujours suivis d'une planche traitée dans ce que M. Klein appelle « la négation » (déni pour nous), planche toute harmonie, tout repos, ou éventuellement, plus narcissique, de « repli sur sa souffrance ».

Autre trait commun, la très grande difficulté à mettre en relation, à la planche 2, le « jeune adulte » et les personnages parentaux, dont la femme est presque toujours perçue enceinte. David et Delphine caricaturent :

> *« ... l'autre est étrangère, elle est en visite, elle passe par là, elle ne fait pas partie du tableau. »*

> *« Là j'ai envie de voir que la fille. Le reste ne m'intéresse pas. »*

Donatienne, sans l'affirmer, organise l'histoire de la même manière. Denis met en miroir les deux femmes en rivalité, après avoir été tout à fait en déroute. Danièle, seule, répond à la stimulation œdipienne de la planche sur une mise en scène agressive où :

> *« La fille gagnera parce que la révolution aura lieu* (et où) *la mère ne reverra pas son enfant et le laboureur ne verra pas pousser le blé qu'il a semé ».*

Ces problématiques sont en effet thématisées par l'envie devant la fécondité (Dominique). La rage, la destruction désertifiante — plus de vie, plus rien, plutôt que cela —, l'expression de la spoliation sont mises au devant de la scène. Il semble bien que dans leur effort perceptif ces sujets soient fascinés par le personnage maternel « femme enceinte » et y réagissent bien plus qu'à la problématique triangulaire. L'homme évoqué est avant tout, lui aussi, celui qui a, qui sera fécond, double de la mère, ou son avoir[1], son instrument.

---

1. Remarque importante, dont nous n'avons pu tirer toutes les conséquences : la planche 7GF dont la sensibilité à une organisation du fantasme autour d'avoir un enfant est classiquement reconnue, ne donne lieu ni à la même réticence ni à la même difficulté d'élaboration. L'accent est mis plutôt sur la difficulté de relation entre un personnage maternel et une fille. La manière dont le bébé est tenu (cf. p. 20 à 22) ne suscite, elle non plus, aucun écho dans ces protocoles.

Cette envie se double d'une violence agressive sous-jacente extrêmement vive, vis-à-vis d'une imago maternelle à peine différenciée de soi-même. Nous retrouvons cette rage agressive dans tous nos exemples. Elle est sous-jacente au protocole de Danièle, caviardé de mécanismes défensifs contre la dépression extrêmement bien intégrés, et qui servent l'expression de l'agressivité (les mécanismes C y sont plus appauvrissants). Denis, David la vivent dans une fantasmatique agressive crue envahissante, d'emblée pour le premier, à partir de la deuxième partie du protocole pour le second. Elle perce chez Donatienne entre le calme, l'apaisé, le serein (planches 1, 7). Delphine se déchire, avec la même rage, la même violence, tout au long du protocole et si cette position peut sembler érotisée dans la première partie du test, elle n'est plus que traduction de haine dans la deuxième (7GF, 9GF, 13, 19 en persévération).

Ce mouvement agressif, malgré sa violence et son aspect envahissant, est à double valence : c'est presque toujours la seule expression pulsionnelle à donner vie au protocole[1]. Il se révèle être *la* charge de tous les fantasmes. Sa déflection sur la représentation de soi semble d'autant plus forte que les processus maniaques sont moins marqués (cf. Delphine, Dorothée). L'intensité de cette agressivité ravageante ne doit pas nous étonner. Freud, dans *Deuil et Mélancolie* (1915 *c*) insiste sur le poids de l'ambivalence vis-à-vis de l'objet (perdu puis intériorisé), à l'origine du vécu dépressif. *Amour et haine non pas en conflit, mais indissociablement liés, vécus dans le même mouvement.* Désespoir total, ajoute M. Klein, conséquence de ce vécu sans issue, comme figé dans son double mouvement antagoniste.

1. Ainsi le T.A.T. de Danièle dont l'agressivité, si elle pouvait être utilisée et efficace, constitue un très riche potentiel.

9 D'une autre pensée

> « Il sera possible au moi d'éviter la rupture de tel ou tel côté en se déformant lui-même, en acceptant de faire amende de son unité, éventuellement même en se crevassant ou en se morcellant. De la sorte on mettrait les inconséquences, les extravagances et les folies des hommes sous le même jour que leurs perversions sexuelles, dont l'adoption leur épargne bien des refoulements. »
>
> (S. Freud, 1924, p. 286)

> « L'intérieur du moi *qui comprend avant tout les processus cogitatifs*[1], possède la qualité de préconscience. »
>
> (S. Freud, 1938, p. 25)

D'UNE LOGIQUE TOLÉRANTE AUX PROCESSUS PRIMAIRES

Avant d'aborder ce dernier chapitre, il nous faut faire quelques détours : au fur et à mesure que les narrateurs de nos histoires évoquaient ces scènes vides ou artificiellement remplies « d'eux-mêmes », nous étions de plus en plus sensible à des étrangetés dans le travail de construction de l'histoire, à des originalités de fonctionnement de la pensée qui nous faisaient problème.

1. Souligné par nous.

Nous pouvons désormais les repérer sous leur forme la plus fugace, noyées dans le texte de quelques protocoles normatifs-névrotiques, contemporains de la survenue de scénarios fantasmatiques plus chauds, moins défendus. Leur manifestation y est si discrète qu'elle passe habituellement inaperçue. Nous n'avions pu jusqu'ici en isoler le sens. L'une des hypothèses que l'on pourrait se proposer de tester, compte tenu du petit nombre de protocoles examinés, serait que cette manifestation accompagne souvent des fantasmes où la charge agressive est très forte, quoique reprise dans des histoires plus proches de la conflictualisation névrotique.

Par contre, ces mêmes originalités du fonctionnement de la pensée se trouvaient nombreuses dans les protocoles des états limites et suffisamment nettes pour apparaître exemplaires. Elles auraient été cotées en E dans la grille classique (le plus souvent en E 14 : « trouble de la syntaxe »), sans que rien ne vienne alors les différencier dans la cotation des dysfonctionnements de la pensée propres à la psychose... sinon leur quasi- « normalité », l'immédiateté de leur valeur de communication. Loin d'apparaître comme les constituants d'une histoire en partie ou totalement incohérente, dérapant dans le non-sens apparent, ces modes de pensée originaux concourent à son pouvoir signifiant, ou au minimum se donnent comme facilité de langage comme on les repérerait dans le champ labile, sans que l'échange avec l'interlocuteur en semble altéré.

A l'autre extrême de ce qui nous semble un continuum, ces mêmes modes de pensée, caricaturés, apparaissent comme des perturbations du cours de la pensée, faisant charnière avec des parties d'histoires où l'adéquation perceptive et la maîtrise du penser, de quelque ordre qu'elles soient, sont massivement mises en défaut.

Au cours des années, V. Shentoub et son école, sensibles à *ce vacillement fugace de la secondarisation,* se sont attachées de plus en plus à la qualité de l'organisation de la séquence du récit consécutive à ce « dérapage » : le sujet, reprenant le contrôle secondarisé de sa pensée, poursuivait-il de manière lisible et dégageante ? Le psychologue considérait positif le mouvement de l'histoire : craquée et remontée. Cela témoignait, disait-il, de la capacité du narrateur à se laisser prendre à la régression sollicitée par le matériel et la consigne, à la supporter et à s'en servir (Shentoub, 1981), (Shentoub, Debray, 1978-1979).

Nous conservons, pour notre part, l'idée qu'il s'agit là, en effet, d'une *émergence en processus primaire.* La secondarisation y voit sa domination mise en cause. Mais nous remarquons aussi que ces émergences en processus primaire n'expriment pas — ou seulement accessoirement (Cf. la planche 8 de Louis)[1] — le mouvement pulsionnel. Elles affectent la forme même du penser et ses appuis sur certaines de ses catégories logiques, de ses structures cognitives (espace-temps et pensée classificatoire surtout). Un deuxième niveau d'altération de la syntaxe, celui-ci assez massif, renvoie à un maniement difficile de la projection[2] chez ces sujets.

Nous assistons même parfois à l'envahissement de la scène du T.A.T. par la réalité externe, le sujet s'en servant pour la construction de l'histoire dans un véritable mouvement d'étayage. Nous avons vu ce mécanisme à l'œuvre dans la mise en tableau narcissique. Mais il peut revêtir de multiples formes, qu'il nous faudra spécifier. Ainsi, les protocoles marqués par la lutte anti-dépressive proposent, communément dans notre échantillonnage large, un certain type de « télescopage » entre la position d'interprétant et celle de héros de la planche : nous aurons à l'expliquer.

L'adéquation à la réalité externe et parfois une certaine vigilance perceptive reste investies chez ces sujets, comme chez certains psychotiques dits « non décompensés ». L'activité perceptive est préférentiellement attentive à des catégories de la réalité externe habituellement peu utilisées : perceptions sensorielles nombreuses, mouvements de chute, appel du vide, vertige, sensibilité aux contrastes (et particulièrement au contraste blanc/noir des planches 10 et 19), ou à la séparation des plans (attendue à la planche 8 chez tous les sujets, elle est aussi présente à la planche 9 et à certaines planches dites archaïques).

Nous étions frappées par la proximité de ces manières d'organiser la scène fantasmatique au T.A.T. avec les « systèmes d'attitudes et d'opérations de pensée [présentant] une assez grande cohérence et [tendant] à leur stabilité », qui caractérisent, pour D. Widlöcher (1979, p. 8), l'organisation limite. Il note, en effet, « l'importance des passages à l'acte et des manipulations perverses ou caractérielles de l'environnement », et « le déplacement du conflit endopsychique dans un conflit extériorisé dans la relation entre le patient et le thérapeute », créant un intense transfert projectif (*ibid.*, p. 11), et l' « intrication d'une formation

1. *« Fichtre... Apparemment une opération dans des conditions de fortune. Le personnage... asiatique je crois, au premier plan, la carabine dans l'angle gauche donnent une odeur de Malraux. J'évoque les grands romans de Malraux... comme il se doit le personnage du premier plan, puisqu'il est asiatique, est impénétrable. »*

2. Nous entendons ici le terme de projection dans le sens que nous avons développé dans la deuxième partie de cet ouvrage, spécifique à la situation de test. Nous nous sentons cependant proche de notations cliniques relevées dans le champ de la psycho-pathologie qui tentent de spécifier la défense projective dans le cas des organisations limites. « Des projections persécutives très vives peuvent modifier complètement et subitement la perception d'autrui, sans aucun sentiment d'influence : l'autre est toujours perçu tel, même s'il est perçu comme l'expression de forces internes qui ne sont plus assumables par le sujet. » (D. Wildlöcher, 1979, p. 9.)

conflictuelle archaïque et de traits psychotiques [...] limites [...] » sans que « la dissociation ou la perturbation du sens de la réalité extérieure [mette] en place un système qui supprime le conflit psychique en le dispersant dans un espace qui annule la distrinction entre la réalité psychique et le monde extérieur » (*ibid.*, p. 10).

Aussi nous a-t-il semblé utile de repérer plus précisément ces caractéristiques d'un penser et d'un percevoir parfaitement inhabituels dans le champ de la névrose[1], et de nous pencher sur un nombre important de cas d'organisations limites étudiés dans le groupe de recherche en psychologie projective de l'Université de Paris V. Nous en avons choisi dix (prénoms commençant par L.) qui offraient, dans tel ou tel registre mis ici en évidence, un protocole ou des histoires exemplaires.

Précisons la symptomatologie de ces différents patients. Si trois d'entre eux se vivent anxieux, dépressifs, fatigués, ils disent cet état d'une manière qui nous alerte : Léonard évoque « le mal du pays » (il veut rentrer chez lui, dans la Corse de son enfance et de son adolescence, quittée depuis longtemps pour Paris où il ne s'est jamais adapté). Les deux autres (Laure et Luce) accusent un net sentiment d'étrangeté dans leur voisinage et dans leur famille. Les syndromes à traduction corporelle sont nombreux : anorexie (Lise), obésité (Laurence), problèmes plastiques relatifs à la poitrine (Lucienne et Luce). Si Louis ne se plaint de rien (il consulte pour son fils, adolescent en voie de décompensation schizophrénique), on apprend qu'il vit en tenant absolument secrète, même pour son fils, une séparation d'avec sa femme qui date de 18 ans ! Ludo, jeune étranger élevé à travers des placements de la D.A.S.S. à partir de l'âge de 4 ans, inquiète par ses fabulations. Enfin Lucie, tendue, fatiguée, insiste sur le fait qu'elle ne peut plus travailler : quel travail ? Comédienne...

Nous nous proposons donc, dans la suite de ce chapitre, de choisir nos exemples dans les deux séries de protocoles : N et D d'une part, et L d'autre part[2], leur proximité n'en paraissant que plus saisissante.

---

1. La question du protocole hystérique se pose ici. N. Jeammet (1983) montre dans un article très intéressant et sur un exemple proche de ceux que nous travaillons ici (faiblesse du pare-excitation que constitue le fantasme, recours au sensoriel et au mouvement comme pare-excitation), comment un Rorschach en première lecture apparemment franchement hystérique pouvait, réinterprété à la lumière de ce qu'apporte le T.A.T., prêter à une interprétation de type organisation limite. Des protocoles de T.A.T. autrefois compris comme hystériques ont pu ainsi ces dernières années apparaître à l'équipe de recherche du laboratoire de Psychologie projective d'une autre facture.

2. Nous rappelons la classification que nous avons adoptée : les protocoles des sujets dont le prénom commence par :
N : sont de la série narcissique,
D : sont de la série dépressive,
L : sont de la série fonctionnement limite.

L'investissement de la réalité externe, compensation d'un monde interne insuffisamment assuré

Nous avons vu dans le chapitre 7, qu'à l'infirmité de la représentation de soi répondent, dans nos protocoles, le *surinvestissement de représentations d'étayage* et un mouvement de description de l'autre en miroir, ou selon une modalité transitive, qui tendaient à pallier la faille narcissique dans la réalité psychique.

Mais cet « étayage » sur un autrui repéré dans la réalité externe sera parfois beaucoup plus extensif. La fragilité représentative pourra être telle que le sujet n'aura alors à sa disposition pour dire, et se représenter son mouvement pulsionnel, que des éléments externes, événementiels, actuels. Nous souhaitons en cela le rapprocher, sans qu'il puisse se confondre avec eux, de deux autres fonctionnements humains qui nous semblent assez voisins : le recours à l'agir du psychopathe et l'expression somatique de la personnalité qui se désorganise massivement, faute de « paliers » mentalisés suffisamment solides dans la réalité interne pour arrêter la régression des mouvements vitaux (Marty, 1976, 1980).

Faille dans la constitution du monde psychique qui appelle un « fonctionnement-prothèse » coûteux, dont nos sujets sont totalement dépendants, mais qui leur rend possible la survie psychique ? Qui leur permet même un certain nombre de fois des élaborations fantasmatiques marquées par l'Œdipe, quoique souvent celles-ci restent mal intégrées, fragiles, recouvrant mal la haine sous-jacente.

Nous sommes sans doute très proche ici de ce que l'école psychosomatique de Paris évoque à travers les termes de « névrose de caractère » et plus encore de « névrose de comportement ».

Reprenons la définition que propose R. Debray :

> « Il s'agit de sujets qui, contrairement aux névrosés mentaux, n'ont pas constitué de solides points de fixation sur le plan mental (notamment au niveau de la deuxième phase du stade anal *où se scellent les possibilités de retenues objectales*)[1].

C'est bien ici aussi de retenue objectale défectueuse qu'il est question, cette fragilité du monde interne devenant quasi-absence dans la névrose de comportement :

> « *N'ayant pas à proprement parler constitué de dedans*[1] tout semble se jouer pour eux au dehors, avec les objets extérieurs réels, et l'on com-

1. R. Debray (1983), p. 23. Souligné par nous.

prend qu'ils se révèlent particulièrement dépourvus si ces objets viennent à leur manquer » (*ibid.*, page 24).

La notion explicative du « peu de perméabilité du préconscient », ou de « perte de la valeur fonctionnelle du préconscient », nous semble, pour notre part, d'un maniement métapsychologique difficile. Mais la conséquence clinique qu'en tire l'auteur en citant P. Marty : « l'inconscient n'étant plus alors ni représenté, ni représentable », nous apparaît aller dans le sens même de notre recherche. Elle repose par un autre biais la question de l'élaboration psychique défectueuse, de la liaison difficultueuse entre poussée pulsionnelle — si c'est bien dans ce sens que P. Marty se sert plus haut du terme « inconscient » — et représentations.

Au T.A.T. ce peut être en même temps dans l'histoire et dans la relation de passation de test que le sujet fait passer ce qui se meut en lui.

Il y a prévalence des D[1] bien sûr, mais surtout et plus encore ces D ne fonctionnent pas en court-circuit comme dans les protocoles habituels, mais tissent avec les commentaires (B ou N)[3] un discours vécu-parlé indissociable, et perçu comme tel par le sujet. Lucienne en donne une belle illustration :

> *« C'est un violon. Raconter une histoire c'est pas facile (rires)... Que je dois inventer ?...*
> *Quand j'ai pris la décision de demander le divorce, j'ai pensé à un moment pouvoir écrire et j'ai pas donné suite à cette idée. J'aime beaucoup la radio, écouter de la musique, aussi bien des variétés que de la vraie musique. J'aime beaucoup Beethoven et Tchaïkowski... C'est tout ? (sourires)...*
> *(?) C'est un petit garçon qui voudrait bien jouer du violon. Il doit avoir des problèmes : il se demande par quel bout il va le prendre... Le garçon c'est un garçon qui est rêveur et mélancolique.* (Planche 1.)

> *« Ça me rappelle quand je travaillais à la ferme. Je montais sur les chevaux et j'aimais beaucoup ça...*
> *Le femme, tout au moins à droite, elle est très alanguie, mais je n'ai pas vu... ça quand je travaillais...*
> *L'homme me rappelle mon premier mari, il était très costaud, je sais pas comment on dit, il était très fort. C'est des sillons ? une charrue.*

1. Nous faisons là référence aux items de la grille de dépouillement du T.A.T. où les facteurs de la série D renvoient au comportement, ceux de la série B renvoient à la labilité, et ceux de la série CN renvoient au narcissisme.

La fille qui est à gauche elle me rappelle des femmes de l'Est... par ma grand-mère maternelle qui était alsacienne... mais elle a des livres... je sais pas, elle doit être étudiante certainement. »
(Planche 2.)

« Quand je suis accablée, enfin quand j'étais accablée, je prenais cette position, je pleurais entassée sur moi-même. Là peut-être qu'il se repose tout simplement... parce qu'il a plutôt l'air abandonné, il n'est pas contracté... J'aurais peut-être dû mettre mes lunettes. Je ne sais pas ce que c'est par terre... (met ses lunettes prises de son sac, scrute l'image) *... à un moment j'ai pensé à une arme au-dessus de son pied mais je ne vois pas réellement ce que c'est. C'est tout. »*
(Planche 3BM.)

« Là je pense, heu... je pourrais m'identifier à cette femme qui essaie de retenir son mari... parce qu'on voit au fond une femme qui semble l'avoir aguiché mais je suis beaucoup moins sensuelle que cette femme (sourires), enfin j'étais. Quand... pendant mes crises de jalousie je faisais tout pour retenir mon mari. Des choses que je ne faisais pas après mes crises de jalousie... ce qui fait qu'il retournait voir d'autres femmes. J'essayais de parler à mon mari, mais c'était le mur, il ne répondait pas. Là, je nous imagine bien tous les deux. »
(Planche 4.)

La réalité externe peut, dans le texte du récit lui-même, être appelée à la rescousse : c'est Laurence à la planche 16, pour qui le geste de la mère seul stimule la vie psychique :

« C'est l'histoire d'un enfant qui est chez lui qui joue dans son parc et qui a plein de jouets autour de lui... qui malgré tout ne s'amuse pas, qui se met à pleurer. Sa mère qui est à côté le prend et joue avec lui et il s'arrête de pleurer. »

Histoire qui dit sans doute le vécu relationnel du test et qui fait écho à une planche 3BM, toujours aussi « lisible », mais où l'intervention de l'autre est presque réifiée :

« C'est un enfant qui est triste parce qu'on l'a attrapé et qui attend que quelqu'un vienne le chercher pour le consoler. C'est tout. (?) ... que quelqu'un va venir et va lui parler pour qu'il comprenne non seulement ce qu'on lui demande mais pourquoi. »

L'investissement de la maîtrise par l'effort intellectuel et la compréhension n'est pas solide à l'intérieur mais dépend de la *survenue d'une parole* quasi matérialisée, qui lui assure un relais. Tristan, à la planche 16, nous l'avons vu, en appelle désespérément au *geste* :

> *« Il faudrait toujours pouvoir écrire ou dessiner, car* les mains aident la pensée à s'exprimer, *ou elles illustrent et complètent les paroles. »*

Et Lucie, particulièrement sensible à cet éprouvé, nous le confie directement à la planche 3, dans un long commentaire autobiographique :

> *« C'est drôle, ce qui m'intéresse* c'est le geste, *côté interprétation, mais je le rapproche d'une situation théâtrale. Cela me fait penser à des choses qui m'intéressent le plus dans mon travail qui sont des problèmes d'expression physique, le rapport du personnage avec les objets. De ce qu'on peut exprimer par rapport à une chose réelle. C'est un des points qui m'intéresse le plus dans le métier. »* (Lucie, rappelons-le, est comédienne.)

Clinique difficile qui risque d'amener chez le psychologue des contre-réactions d'incompréhension et de rejet.

La perte de distance à l'espace projectif

Dans les protocoles moins « défaillants » quant à leur réponse à la consigne, on peut noter l'émergence plus fugace de cette fragilité dans la perte de l'attitude interprétative et le télescopage de rôle avec le héros de l'histoire.

Là encore il faut être attentif à ne pas confondre cette attitude avec l'artifice de style qui consiste à raconter une histoire-T.A.T. à la première personne, mise en récit de type labile qui tend à proposer le contenu fantasmatique comme un « roman », donc à en nier la participation personnelle. Il ne s'agit pas là non plus, pour notre partenaire, d'étayer une représentation de soi fragile par des commentaires personnels ou un appui sur la réalité de son vécu événementiel comme nous venons de le voir dans le champ narcissique (page 96 et suivantes).

Dans le contexte de ce fonctionnement limite, au contraire, cette *collusion héros/sujet* en test semble échapper à la maîtrise défensive et apparaît comme une confusion tout à fait ponctuelle, et finalement fonctionnelle, entre la réalité interne du sujet et la réalité externe de la planche.

Le mouvement de projection normalement attendu dans le test constitue un espace — de rêve, de jeu, de projection —, en conjonction au matériel de la planche proposé par le psychologue. Les deux forces se déforment l'une en fonction de l'autre sur un modèle proche de celui qu'évoque Winnicott à propos de l'aire transitionnelle et créent un espace de fantasme, à la fois « moi et non-moi ».

Dans un certain nombre de nos protocoles, ce mouvement de projection du fantasmé au dehors (« Ce n'est pas moi, c'est le héros de la planche qui ») semble mal « se détacher » du sujet, ou lui revenir en cours d'élaboration de l'histoire (selon un mécanisme d'identification projective, dans le sens kleinien cette fois).

Nous remarquons alors, à certains moments d'un récit élaboré de manière habituelle selon la fiction maintenue qu'il s'agit de raconter *une histoire* et non *son histoire,* comme un télescopage entre le héros et le narrateur, ce qui introduit un illogisme parfois saisissant sans que le sujet en ait aucunement conscience.

Ludo, par exemple, à la planche 1 :

> « *C'est un petit garçon qui a envie de faire du violon et qui a envie plus tard d'être violoniste. C'est tout, c'est le début et la fin. (fin ?) Je peux pas vous dire, voilà je vous ai tout dit, c'est l'essentiel,* il rêve d'être ce qu'il voit. »

Et Louis, à la planche 3, mis en déroute par la problématique d'une identification sexuée difficile, se repère tout d'un coup dans le même champ que le héros de la planche :

> « *Je pense que c'est un garçon malheureux... euh... il s'est abandonné, il est peut-être abandonné. C'est... cela évoque pour moi des peintures de Murillo, de Ribeiro. J'ai dit que c'était un garçon, mais cela n'a pas l'air certain. Je dirais bien que je ne peux rien dire d'autre,* parce qu'il me tourne le dos. *Mais... vous allez interpréter ça comment ?* »

Cette *confusion de registre,* cette fois *entre le contenant et le contenu,* donne des histoires très particulières à la planche 16. Caricaturée, nous la repérons chez Louis :

> « *La feuille n'y est pour rien, mais elle porte l'espoir ou le désespoir. Je crois que le désespoir c'est la feuille blanche*[1] *une fois qu'elle est passée entre mes mains et qu'elle reste blanche. Pour le reste, on peut imaginer plusieurs choses ; sur cette feuille blanche...* on peut... on peut y passer tout entier... »

1. Signalons ici, au passage, que nous assistons là à une confusion de registre étonnante dans ce protocole où le contrôle est assez investi, qui pourrait être entendue comme craquée verbale, mais qui concourt à l'expression du mouvement sous-jacent et à la communication.

Engloutissement dans un trou noir, que Léonard imagine avec plus de distance, mais selon une confusion de registre aussi massive :

> *« C'est un champ de neige sans doute... tellement de neige qu'on ne voit plus rien. Un troupeau de vaches qui ont dévoré un champ. Les vaches ne sont plus là, pas plus que l'herbe. »*

Il ne reste que le mouvement, l'engloutissement.

Ludo, lui, ressent la planche blanche en termes d'éblouissement :

> *« C'est de la neige, que de la neige, une plaine remplie de neige. Quand même n'importe quoi* (rit). *Je vois de la neige, ou alors un phare de projecteur qui m'éblouirait, et je ne verrais pas ce qui se passe au bout de ce phare. »*

Et Lise, dite « organisation limite », offre un protocole très riche, se rapprochant beaucoup de ceux dont nous avons repéré l'organisation en termes de défense anti-dépressive (ironie, pirouettes, idéalisation, déni, etc.). Un certain nombre de ses histoires sont franchement narcissiques. Mais elle nous propose aussi des exemples de confusion de registre, de repérage erroné de l'espace, de sensibilité, inhabituellement exprimée, à des sensations corporelles de « vidage ». Elle raconte l'histoire suivante à la planche 16 :

> *« Dur... dans le désert, un homme assis, une feuille blanche, à la main une plume d'oie blanche* (sic !) *une caravane d'infirmières en blouse blanche, cet homme est tout en blanc... Il allume une cigarette et regarde sa feuille... la caravane d'infirmiers est passée... suit une caravane de croque-morts... les mots s'alignent sur la feuille, le désert se peuple, la feuille se noircit, une ville se construit, le pétrole jaillit.* Le livre fini, tout disparaît, jusqu'au premier lecteur. *Fin. Tout disparaît ! Ce coup-là, je le retiens »* (ironique).

Le lecteur sera attentif à la construction en contraste blanc/noir, vie/mort, vide/plein, etc.

Cet exemple permet d'introduire une autre caractéristique de ces protocoles : *la fragilité,* perceptible dans l'organisation de l'histoire, *des modes énonciatifs défensifs du registre névrotique* et leur étayage sur des modes de fonctionnement plus archaïques, encore perceptibles.

Le protocole de Lucienne est dans son ensemble très parlant de ce point de vue (cf. plus haut, p. 144). Les mécanismes de type labile (B) y sont intriqués aus agirs (en D) et les modes contrôle indissociablement liés aux procédés Cn, dans le même moment d'énonciation.

Cette fragilité des modes d'énonciation du champ névrotique ne se rencontre que rarement. De cotation subtile, il s'agit d'un mouvement défensif, répétons-le, indissociable dans sa constitution même, et non du rapprochement dans le même moment de deux mouvements différents. Il ne peut alerter le clinicien sur une faille particulière du fonctionnement psychique que s'il perdure au long du protocole ou, du moins, sur une importante séquence.

Désorganisation de la pensée classificatoire ou pensée animiste ?

> « *Il y a des pierres, elles sont vivantes aussi,* dit Lucie à la planche 11, *ça fait l'ensemble des forces de la nature à l'abri de l'homme. Et ce qui rappelle l'homme est dévasté, déserté... et ça va se consumer sur place. Il n'y a pas d'évolution. Puissances qui s'affrontent et se tiennent tête.* »

Inanimé devenant animé, pensée clivée... Lucie, dont le héros se bat avec une destinée qui n'est pas la sienne, et s'interroge sur « ce que les gens croient vérité et l'illusion qui est la vérité », exprime dans le contenu manifeste — et c'est là le piège, nous l'avons vu, pour le psychologue qui l'écoute — une souffrance existentielle qui pourrait passer pour un *insight*. Ce mélange des genres lui permet de construire l'histoire, de l'animer.

Après une défense anti-dépressive désespérée, Lise, elle, se sert de cette même confusion animé/inanimé pour permettre à son héros de ne pas faire de deuil (!), le maintenant d'ailleurs dans un état de mort-vivant :

> « *Macabre ! Un homme en rentrant chez lui trouve sa femme morte. Oh rage, oh désespoir !* (rit). *Abattu, il ne peut se résoudre à la laisser emmener par les corbillards et se mit à boire, n'osant pas la regarder. Il finit par se ressaisir et décide de la peindre. Il sort une toile, des pinceaux, et commence son travail et le dessin prend forme. Tellement absorbé il oublie de regarder le modèle. L'œuvre terminée il regarde sa femme mais elle a disparu. Il regarde la toile, il est surpris* la femme dessinée semble prendre vie, elle s'étire, regarde autour d'elle, *il est émerveillé. Il veut lui parler,* la toucher, mais il ne touche que la toile, ne peut saisir la femme qui bouge. *Résigné il s'asseoit en face d'elle, la contemple. Sa vie continue, mais il n'est plus triste car l'œuvre qu'il a conçu vit avec lui.* » (Planche 13MF.)

Mais l'histoire ne reste pas toujours aussi organisée : Lise à la planche 1 (sous l'effet stressant de l'entrée dans le test), utilise le même procédé de manière beaucoup moins bien tenue :

> *« (...) il a la fenêtre ouverte, les étoiles ; l'enfant de 20 ans joue du violon, et avec son violon... et il devient violon. Son corps se fond, le violon aussi, ils disparaissent complètement, on n'entend plus que le chant triste de l'enfant et du violon. »*

Ludo, planche 3, propose ce *glissando* de manière abrupte et très restrictive :

> *« C'est un enfant qui est désespéré par une certaine chose, animale ou humaine, ou une mort. »*

Mais, à la planche 6, il se sert de cette même facilité de penser d'une manière très poétique :

> *« C'est un homme (...) sa femme a fait un enfant qui est mort à la naissance. Alors la grand-mère n'est pas contente, elle veut regarder le jour, le jour que son enfant n'a pas pu voir. »*

C'est en effet au langage poétique que font penser les expressions qui émaillent les protocoles que nous avons ici regroupés. Elle apportent à l'auditeur psychologue, au lecteur, quand elles sont bien intégrées à l'histoire, une « prime de plaisir » qui évoque le mécanisme du mot d'esprit. Mais quelle est ici l'économie réalisée, le bénéfice du tiers auditeur ? Le partage du registre de la toute-puissance ?

Une inhabituelle utilisation de l'espace-temps

C'est certainement Ludo qui, parmi les protocoles que nous avons choisi comme exemplaires, permet de mieux cerner cette étonnante utilisation du temps dans l'histoire.

Rappelons son récit à la planche 1 :

> *« Moi je dis que c'est un petit garçon qui a envie de faire du violon et qui a envie plus tard de devenir violoniste. C'est tout.* C'est le début et la fin. (fin ?) *Je peux pas vous dire. Voilà, je vous ai tout dit. C'est l'essentiel. Il rêve d'être ce qu'il voit. »*

Puis, planche 3 :

> *« (...) la fin c'est qu'il s'en souviendra toute sa vie, même si c'est un petit passage. »*

La planche 2 permet une manipulation du même ordre, quoique souvent beaucoup plus discrète. Ainsi, Louis arrête l'histoire sur cette proximité entre mère et fille, cette dernière regardant son avenir :

> « *(...) un rapport symbolique, la mère est peut-être enceinte, alors le visage de la jeune femme ou jeune fille tournée vers elle c'est peut-être une explication, peut-être ce qu'a voulu y mettre l'artiste, c'est d'ailleurs mon impression au prime abord. Évocation d'un destin.* » (Planche 2.)

La désorganisation de l'espace est beaucoup plus fréquente. Facilitée aux planches 9 et 10 et aux planches terminales, elle envahit certains protocoles d'expressions tout à fait inadéquates. Ainsi Lucie à la planche 2 :

> « *A part* la femme qui fait partie de l'arbre, *le reste semble des* marionnettes, *des* personnages placés dans un lieu. »

A la planche 3, elle interprète en mouvement l'immobilité évoquée par le contenu manifeste de la planche :

> « *Pour moi, ce serait quelqu'un* qui serait dans un intérieur et qui essaie d'en sortir. »

Et elle y associe une sensibilité à la qualité, à l'authenticité du mouvement, planche 1 et surtout planche 5 :

> « *(...) j'imagine le propriétaire de l'intérieur qui est une vieille fille.* Tout est immobile, même la personne qui vient *et qui a une* attitude de pantin. »

Lise peut encore en jouer :

> « *(...) sa chambre rétrécit, en même temps que le paysage qu'elle observe s'élargit, suggérant l'infini (...).* » (Planche 3GF.)

Mais Laure, par exemple, n'en maîtrise pas l'impact, par ailleurs tout à fait porteur de sens :

> « *(...) elle pense que les gens sont plus heureux qu'elle parce qu'ils sont près de la nature... Enfin,* ils sont derrière elle, et elle ne peut pas revenir en arrière *(...).* » (Planche 2.)

D'un investissement du contraste, au clivage comme recours

L'organisation de l'histoire dans ces protocoles nous paraît faire appel à ce que l'on appelle des mécanismes de fonctionnement — ou de défense —, archaïques : à côté du déni, de l'idéalisation rencontrées dans les histoires à visée « anti-dépressive », du maniement particulier de la projection, et des structures formelles de la pensée que nous avons mis en évidence au début de ce chapitre, le recours au clivage et l'investissement du contraste permettent à un certain nombre de ces sujets d'élaborer psychiquement et d'exprimer le conflit ambivalentiel qui les constitue. Il est rare d'en trouver une énonciation aussi paradigmatique que celle que propose la patiente de N. Jeammet, à la planche 18[1] :

> « *Là,* si on ne regarde que la tête, *c'est une personne* qui s'appitoie *sur le sort d'un de ses enfants. Une personne qui a de la peine avant de se séparer. Alors cette main...* cette main on dirait qu'elle l'étrangle ! *Elle veut l'étrangler, elle ne peut pas s'en empêcher.* (rend la planche) (fin ?)... *sans la main ça va bien, avec on dirait qu'elle va l'étrangler*[2]. »

N. Jeammet commente :

> « Sa tête s'apitoie (formation réactionnelle), et sa main ne peut s'empêcher d'étrangler (pulsion vécue comme une contrainte). Désir/défense ? Ou plutôt pulsion désintriquée violente vécue comme inéluctable, inquiétante dans son étrangeté et sa non-intégration au reste de la personnalité » (Jeammet, 1983, p. 132).

Lucienne, à la planche 18, qui, comme les planches 9 et 10, prête à ce mouvement, raconte une histoire dont l'organisation est assez proche :

> « *(...) j'ai l'impression qu'elle veut* l'étrangler, *je sais pas, ou elle* la soutient... *Oui, elle la soutient* parce qu'elle paraît inerte avec un bras droit. »

La formation réactionnelle nouerait le désir et la défense. Seule, crispée et « réussie », elle dirait la source pulsionnelle. Moins tendue, elle tolèrerait le retour du refoulé ou répondrait à son émergence. Mais ici les deux verbes expriment la désintrication, l'ambivalence, et la dernière phrase, totalement dérapée (Cn, E20, E7), qui implique en E7 le télescopage des deux personnages dans une confusion identificatoire, marque l'insuffisance du mécanisme de clivage.

Lucie, après avoir organisé la réponse à la planche 9GF sur un mode spéculaire, se sert de cette duplication pour soutenir le clivage de son image identificatoire :

1. Dans le très intéressant article que nous évoquions plus haut, page 142. La planche 18, très rarement donnée, propose deux silhouettes de femmes au bas d'un escalier, dans un rapproché qui peut être interprété comme agressif (ou de soutien ?).
2. Souligné par nous.

« (...) Non je dirais que c'est une femme qui court après une image d'elle-même... qui observe une image d'elle-même qui est mauvaise, *parce qu'il y a un côté forcé. »*

A la planche 11, elle finit l'histoire selon la même organisation de la scène psychique :

« (...) il y a des pierres, elles sont vivantes *aussi. Ça fait l'ensemble des forces de la nature à l'abri de l'homme. Et ce qui rappelle l'homme est dévasté,* déserté... *et ça va se consumer sur place.* Il n'y a pas d'évolution. Puissances qui s'affrontent et se tiennent tête. »

Mais sans doute, de manière plus discrète, peut-on repérer cette habitude à penser le monde en termes de contraste à l'œuvre dans beaucoup d'histoires, sans que l'opposition mise en évidence soit exprimée de manière crue en termes de bon et de mauvais.

Léopoldine, dès la planche 1, semble en jouer :

« (...) ils l'empêchent de jouer, il est tout pâle, *il est dans* le noir *(...). »*

Elle ironise, planche 7 :

« (...) un poids lourd, *moi je préfère les gens* maigres. »

Le début de la planche 16 de Lise (cf. page 148) est entièrement nourrie de ce contraste blanc/noir.

Ludo, à la planche 5, l'utilise de façon moins heureuse :

« (...) une pièce noire, sombre, *avec un* lampadaire. »

Comme Léonard :

« (...) au milieu du froid, un foyer avec une étincelle de vie, d'espoir, de chaleur. »

Mais c'est sans doute Louis, en réponse à la stimulation de la planche 5, qui en donne l'exemple le plus intégré, au point de passer pratiquement inaperçu :

« (...) Ça doit sentir bon l'encaustique, des raies de lumière sur le parquet, des fleurs du jardin *avec de* petites bêtes qui sont restées dedans *(...). »*

Une sensibilité perceptive particulière

Dernière caractéristique de ce registre, l'importance très grande donnée dans ces protocoles aux perceptions sensorielles, nous l'avons vu, mais aussi aux perceptions de mouvements ou de vécus corporels. Sensibilité au monde externe, qui continue à fonctionner sur son mode primitif parce qu'elle fut très investie ?

Ces choix perceptifs concourent à des histoires construites. Ils aident de manière assez belle mais paradoxale le mouvement de contrôle de Louis :

> *« Fichtre !... apparemment une opération dans des conditions de fortune. Le personnage... asiatique je crois, au premier plan, la carabine dans l'angle gauche* donnent une odeur *de Malraux, évoquent les grands romans de Malraux (...). »*

Et Louis de terminer grâce à cela sur une pirouette ironique et économiquement payante :

> *« Comme il se doit, le personnage du premier plan, puisqu'il est asiatique, est impénétrable. »* (Planche 8.)

Cette sensibilité concourt aussi chez lui à l'effort anti-dépressif (planche 11) :

> *« (...) c'est très frais (...) je pense que ça doit sentir très bon et très frais. »*

Ou encore s'ajoute, toujours dans le même protocole à la planche 5, à une confusion de registre entre la planche et l'interprétant pour construire une très belle histoire :

> *« Ah...* la porte entr'ouverte pour voir *si les rideaux sont tirés, si le chat ne dort pas sur le lit. Ça se passe en été,* y a des ombres reportées, ça doit sentir bon l'encaustique, des raies de lumière sur le parquet (...). *»*

Cette sensibilité est exprimée en commentaire par Lucienne, à mi-chemin du Cn :

> *« Je ressens une atmosphère chaude. »* (planche 5.)

Ou en image de mouvement qui répond à la stimulation angoissante de la planche 11 :

> *« C'est une image qui fait partie de mes rêves. Quand je rêve quel-*

> *que fois je tombe sur des rochers avec du mal parce qu'on n'arrive pas à s'accrocher, c'est interminable, j'ai cette impression.* »

L'impression de chute dans le vide est, en effet, très utilisée par ces patients, surtout à la planche 11 (dont classiquement, on évoque le pouvoir de susciter des fantasmatiques régressives). Peut-être est-elle à rapprocher de cette thématique d'engloutissement que nous avons évoquée un peu plus haut.

> « *Il y a un homme dans cette histoire. Il veut s'accrocher à quelque chose parce qu'il y a un vent épouvantable et il a tout le temps la sensation qu'il va tomber dans le vide noir (...).* » (Luce, planche 11).

> « *Les rochers ils sont grotesques, mal faits, prêts à tomber dans le vide.* » (Ludo, planche 11.)

Fannie, à la planche 7, en donne une version saisissante :

> « *Tandis que sa mère lui raconte les contes d'Andersen, la jeune fille s'évade de la réalité et devient princesse-sirène. Toute absorbée par ses pensées,* son corps se vide sauf les tripes, et s'écroule comme un vieux sac. *Son esprit est ailleurs... C'est fini.* »

Lucie porte attention aux gestes, au corps, de manière plus explicite et plus « tenue » à la planche 3 :

> « (rit) *C'est drôle,* ce qui m'intéresse c'est le geste *côté interprétation, mais je le rapproche d'une situation théâtrale* (on se rappelle qu'elle est comédienne). *Cela me fait penser à des choses qui m'intéressent le plus dans mon travail,* qui sont des problèmes d'expression physique, le rapport du personnage avec les objets (...). »

Nous voyons cette référence à un mouvement épaissir l'expression, permettre de dire ce que Tristan évoque presque directement à la planche 16, confronté au blanc de son monde interne :

> « *(...) il faudrait toujours pouvoir écrire ou dessiner, car les mains aident la pensée à s'exprimer (...)* ».

Le sensoriel, avons-nous dit lorsque nous évoquions le processus narcissique de construction de l'histoire, concourt à l'affermissement ou même à la constitution toujours à renouveler d'un réel externe garant du réel interne, d'une expérience d'exister physiquement garante d'un exister psychique.

Ici, il semble que cette solidité-prothèse, déjà fragile, soit définitivement en défaut et que nos sujets disposent dans leur expérience, à côté de l'investissement du mouvement et d'un corps en mobilité, donc vivant, de vécus de vide, de chute qui colorent leur perception angoissée de la réalité externe, comme l'éblouissement ou l'engloutissement qui semblaient tout à l'heure les menacer.

TOPIQUE...

> « Nous nous intéresserons ici à l'analyse de Rapaport[1] [2] sur les niveaux des structures cognitives qu'il met en corrélation avec l'importance d'une prédominance des processus primaires ou secondaires. *On peut considérer que c'est une des meilleures manifestations cliniques* de l'organisation limite de la personnalité. (...) *Les patients qui ont une organisation limite de la personnalité, montrent rarement,* lorsqu'on explore en clinique leur fonctionnement mental, *des troubles formels de leurs processus de pensée.* Toutefois, aux tests projectifs, et surtout en réponse aux stimuli peu structurés, les processus primaires tendent à apparaître sous la forme de fantasmes primitifs *avec un fléchissement de leurs capacités d'adaptation aux présentations formelles du matériel de test,* et en particulier *avec l'utilisation de certaines verbalisations*[3] » (Kernberg, 1975 *a*, p. 49).

Cet extrait des *Troubles limites de la personnalité,* d'O. Kernberg, témoigne d'une singulière proximité entre la pratique d'un clinicien, celle de projectivistes (Rapaport, Gill et Schafer, qu'il cite) et certaines de nos conclusions.

Dans la clinique du Rorschach, « les fantasmes primitifs », associés au « fléchissement des capacités d'adaptation aux présentations formelles du matériel de test » peuvent apparaître facilement à l'interprétant. Par contre, au T.A.T., l'effort d'élaboration secondaire exigé du sujet en test reste prégnant, caractéristique de la réalité de la situation. Kernberg note qu'en aucun cas les exigences de celle-ci ne sont récusées par l'organisation limite : « l'adaptation pratique et immédiate aux exigences de la réalité » (*ibid.,* p. 64) reste conservée.

Aussi devrons-nous être attentifs, au T.A.T., à cette « verbalisation particulière » et au « fléchissement quant à la capacité d'adaptation aux

1. Rapaport (D.), Gill (M.M.) et Schafer (R.) *Diagnostic Psychological Testing,* 2 vol. Chicago Year Book publishers, 1945-1946, 1, 16-28, 2, 24-31, 329-366.
2. Rapaport (D.) « Cognitive Structures », in *Contemporary Approaches in Cognition.* Cambridge, Harward University Press, 1957, p. 157-200.
3. Souligné par nous.

présentations formelles du test ». Une histoire animée par une fantasmatique primitive (des scénarios de relation orale, anale, crûment évoqués) peut être liée à l'investissement défensif d'une problématique régressive, évitement de l'impact œdipien de la stimulation (par exemple, l'utilisation défensive de la « fusion » avec l'image maternelle, des positions régressives de « retour au sein maternel », mode détournée de satisfaction pulsionnelle du champ de la névrose). C'est dans *l'organisation* de l'histoire, rappelons-le, que se repèrera l'impact destructurant d'un véritable mouvement de fusion, de ce *collapsus* interne entre les images de soi et les images de l'objet. Bien précisément, dans ce que nous avons appelé le télescopage de rôle qui signe la difficile différenciation entre le Moi et le non-Moi.

C'est sur ce point que Kernberg oppose psychose et organisation limite. Dans ce dernier cas, dit-il, « Les images de soi et d'objet sont relativement bien différenciées les unes des autres [...]. La différenciation des frontières du Moi se développe de façon relativement peu perturbée ; par conséquent, le patient-limite conserve intactes ses frontières du Moi et son appréciation de la réalité. Mais *le manque de synthèse entre les images de soi et d'objet contradictoires* a de nombreuses conséquences pathologiques[1]. »

Kernberg voit dans le clivage le mécanisme essentiel du fonctionnement limite, équivalent du refoulement dans la névrose. L'idéalisation primitive, le déni, l'identification projective, l'omnipotence et la dévalorisation sont pour lui des modes défensifs complémentaires. Le sujet manipule des images de l'objet et de lui-même, les gonfle et les vide comme s'il s'agissait de vases communiquants. En suivant Kernberg on pourrait dire que ces images sont, dans l'état limite, suffisamment différenciées pour être ainsi altérées, alors que leur insuffisante différenciation caractérise la psychose.

Au T.A.T., les pathologies de la projection, que nous avons évoquées au début de ce chapitre, semblent aussi importantes que le clivage. S'il y a bien constitution d'images de soi et de l'objet, celles-ci sont loin d'être assurées : leur clivage en « bon » et « mauvais » scelle leur destin, celui d'être l'objet d'attaques haineuses ou de l'envie qui les constituent et donc d'être perpétuellement soumises à éclipse. L'effort défensif maintient séparé le « bon » et le « mauvais », sans aucune dialectique ni compromis, fait passer le « bon » brutalement et totalement à l'autre extrême (et *vice versa*), projette immédiatement la mauvaise image qui devient menaçante, s'y identifie pour mieux la contrôler : autant de

1. *Ibid.*, page 54. Souligné par nous.

réponses à l'angoisse et de mouvements repérables dans l'organisation de l'histoire-T.A.T.

Mais l'impact de l'attaque haineuse ne se limite pas aux représentations de soi et de l'objet. La traduction de l'éprouvé en termes de vie ou de désert, de froid ou de chaud, de noir ou de lumineux évoque un monde où règne la dichotomie présence/absence ; alors que les classifications plus complexes (par exemple, en termes minéral, végétal, animal) semblent peu investies. Les catégories de l'espace et du temps sont taraudées en même temps que ce qui pourrait soutenir la notion de permanence de l'objet et renvoyer le sujet à la reconnaissance d'un objet total, susceptible d'être perdu, et à la position dépressive.

Plus encore, c'est le monde psychique, l'investissement du penser et du fantasmer qui sont menacés, menace que les angoisses d'effondrement, de chute, d'engloutissement, d'éblouissement mortifère, de « vidage » surtout, tentent de représenter. Monde du fantasme au rôle de pare-excitation insuffisant, en danger d'être balayé sous l'impact du trauma. Monde psychique dont le sujet redoute la destruction sous l'effet d'une pulsion — amour/haine — au plus près de son caractère de mort, déréelle, irréductible, « démoniaque ».

Planche 17 BM. Thematic Apperception Test.

10 Tristan

Protocole de T.A.T. de Tristan, 39 ans

1
+ + + [1] *Le garçon intrigué par le violon se demande comment ça marche. Il n'ose trop y toucher et pourtant c'est bien tentant... Le mieux, se dit-il, est de le remballer dans son papier. C'est un garçon prudent, mais sa curiosité le fera revenir vers cet objet.*

2
... + + *Ce sont des tableaux socialistes ça ?... non...* (rit) *quelle origine ? Bien !... L'épouse du travailleur, enceinte, surveille le travail de son mari et la jeune étudiante qui passe. Il fait beau, mais elle craint une intrigue entre son homme et cette jeune fille. Son instinct lui commande de protéger son foyer. La jeune fille, elle, admire ce fermier puissant, mais son esprit n'est pas encore tourné vers un amour avec cet homme. Ainsi sous le soleil se trouve peut-être ce qui au niveau de ces trois êtres serait un drame. C'est tout* (rit).

3BM
... *C'est très triste... de toute apparence, c'est un suicide, dit le commissaire, voyez l'arme et la position du corps, on ne peut s'y tromper. Cependant, l'histoire n'est peut-être pas aussi simple, suicide, c'est vite dit, et puis sous quelle contrainte aurait-il été commis. Pourtant, ces belles pièces d'un puzzle policier ne rendront pas la vie à la pau-*

1. Le « temps de latence » (temps de silence entre la présentation de la planche et le commencement de l'histoire) aurait dû être indiqué. Par convention, de longs temps de silence sont connotés par le signe + + +, des temps de silence moins prolongés par le signe ...

vre victime. Aussi laisserons-nous les experts à leur débat et nous nous contenterons-nous de prier pour elle.

4

... Reste encore un peu... mais lui voulait absolument partir et retourner à son bateau. Il connaissait bien cette hôtesse, mais c'était pas une raison pour tremper l'ancre trop longtemps. L'océan et la terre l'attendaient, il devait partir.

8BM

... + + Franck ne pouvait oublier l'histoire de la mort de son père, on lui avait décrit la scène et il pensait toujours que plus tard, lui aussi, il essaierait de guérir. Le rêve était très précis, mais il était bien décidé à en faire une réalité, peut-être que lui plus tard saurait guérir ce type de blessure. + + + C'est tout.

6BM

La mère est inquiète... ce que lui annonce son fils... elle sent que cela va bien déranger sa vie. Il veut s'engager, en prendre pour cinq ans car il en a assez du pays, sa décision est prise et elle sait qu'elle ne le fera pas revenir. Pourtant cinq ans c'est bien long, trouve-t-elle, et alors que vais-je devenir seule. Lui s'en inquiète, comprend mais va quand même de l'avant. Seul l'avenir pourra dire si il a eu tort ou raison. C'est fini ce chapitre.

11

... + + C'est une image pour bande dessinée fantastique... Sur la nouvelle planète, l'éléphant aux ailes de papillon utilise les ruines de quelque ancienne civilisation comme terrain de promenade. C'est un des rois de cette planète et il ne craint pratiquement aucun ennemi... il se nourrit de pierres... volcaniques... qui lui demandent de très longues digestions. Néanmoins, en cette belle journée, il ne redoute rien de particulier. Suite au prochain numéro.

7BM

Pourquoi donne-t-il des sales gueules aux gens ? C'est pas gai, hein ! Vous devriez jouer éléphant rose dans la troisième, dit le turfiste au jeune. Celui-ci a l'air sceptique. Il eusse aimé une précision, mais l'autre ne lâchait pas davantage d'informations. ... + Enfin qui ne risque rien n'a rien et il alla tenter sa chance.

13

... + + C'est le matin + + L'homme vient de découvrir... le cadavre de son amie... Il ne comprend pas... et semble très abattu. Il n'a qu'un seul mot, une seul phrase à la bouche : « pourquoi as-tu fait ça ? » . Mais elle ne pourra jamais lui expliquer.

17 (Voir la planche reproduite en page 159.)

... L'acrobate s'entraîne, mais sur son parcours, il n'oublie pas de regarder les demoiselles de la fanfare, car c'est un tombeur, notre ami acrobate, tout en muscles et en souplesse et jamais en retard pour une petite aventure... Mais un jour, il se fera prendre au filet qui est bien aussi, n'est-ce pas un accessoire de sa profession. Alors... là on sait qui le prendra.

19

... + Le château bien modeste... revêt dans cet éclairage d'hiver des formes étranges... L'on y vit puisque de la lumière apparaît à certaines croisées. Mais son aspect extérieur... malgré ses éclairages, repousse le passant... non, vraiment, cette nuit ne sera pas celle de l'accueil car trop de choses intriguent ou font peur dans cette demeure.

16

Faut que je vous fasse un dessin ? ... + + Sur un carton blanc, il faudrait toujours pouvoir écrire ou dessiner. Car les mains aident la pensée à s'exprimer ou elles illustrent et complètent les paroles... Ce carton doit rester blanc car il doit être le support de sa propre histoire de carton blanc et dessiner un carton blanc sur un autre carton blanc, etc.

Tristan a 39 ans. A la première lecture, le protocole de son T.A.T.[1] est riche, mouvementé ; son apparence ludique, discrètement distanciée, nous séduit : Tristan appelle le psychologue à la complicité ! Nous per-

1. Nous avons choisi le protocole de Tristan en raison de l'exemplarité de sa double lecture, et malgré le désordre de la succession des planches (5 et 10 omises, 8BM avant 6BM, 11 intercalée entre 6BM et 7BM). L'interprétation de la dynamique interne du protocole est en conséquence aléatoire. Rappelons l'ordre de la présentation des planches : 1,2, 3BM,4,5, 6 (BM ou GF), 7 (BM ou GF), 8, 9GF (pour les femmes), 10, 11, 13(B ou MF) 19, 16.

cevons pourtant, au long des planches, une souffrance sourde, comme maquillée.

Planche 1 :

> *« + + + Le garçon intrigué par le violon se demande comment ça marche. Il n'ose trop y toucher et pourtant c'est bien tentant... Le mieux, se dit-il, est de le remballer dans son papier. C'est un garçon prudent, mais sa curiosité le fera revenir vers cet objet. »*

Après un temps de latence initial long (inhibition : Cp-1)[1], Tristan propose une histoire organisée souplement : affects nuancés, modulés par le stimulus (B1-4), accent porté sur le conflit intérieur *(« le garçon (...) se demande comment ça marche »)* (A2-17), aller et retour entre désirs contradictoires (B2-7). Suit un nouveau silence (Cp-1), qui marque l'échec relatif de ces procédés assez courants. Le récit se poursuit en dialogue (B2-3). La coloration antidépressive, proche de la pirouette ($\overrightarrow{\text{Cm-3}}$)[2] *(« Le mieux, se dit-il, est de le remballer dans son papier »)* est coûteuse : Tristan s'appuie sur le découpage d'un Dd rare (E-1), mais cela lui permet de terminer en affirmant de nouveau des désirs contradictoires (B2-7).

Histoire avant tout labile, elle traite le contenu latent de la planche (un éprouvé d'immaturité) dans le champ du désir de savoir, de « voir comment cela marche », en termes nettement conflictuels.

Mais la référence à l'angoisse de castration est absente (pas de thème d'incapacité). S'y substitue une relation de captation possible par l'objet (relation toxicomaniaque : *« c'est bien tentant... il n'ose pas trop y toucher »)* qui en rend l'investissement dangereux.

Planche 2 :

> *« ... + + Ce sont des tableaux socialistes, ça ? ... non...* (rit). *Quelle origine ? Bien !... L'épouse du travailleur, enceinte, surveille le travail de son mari et la jeune étudiante qui passe. Il fait beau mais elle craint une intrigue entre son homme et cette jeune fille. Son instinct lui commande de protéger son foyer. La jeune fille, elle, admire ce fermier puissant, mais son esprit n'est pas encore tourné vers un amour avec cet homme. Ainsi sous le soleil se trouve peut-être ce qui, au niveau de ces trois êtres, serait un drame. C'est tout* (rit). *»*

1. Pour ces différents items, se reporter à la fiche de dépouillement, page 35 et suivantes.
2. La cotation surfléchée (comme ici : $\overrightarrow{\text{Cm-3}}$) indique une tendance.

Le temps de latence, un peu moins marqué, reste allongé (Cp-1) : Tristan fait mal face à l'impact de la planche et dans une première séquence tente d'endiguer assez maladroitement la gêne qu'elle suscite. Les procédés sont coûteux pour l'élaboration de l'histoire : éloignement dans l'abstraction (A2-13) *(« ce sont des tableaux socialistes, ça ? »)*, auquel s'ajoute la nuance narcissique mise en tableau (N-8) et peut-être une discrète dérision (D-3). L'implication de l'examinateur par le questionnement (sur l'origine !) et le rire épongent la tension. L'exclamation (B2-8) marque sans doute une reprise de l'investissement du fantasme sous-jacent dans le champ labile.

Tristan organise ensuite une deuxième séquence d'histoire, proche du contenu latent, la rivalité œdipienne. La phrase suivante : *« Il fait beau mais elle craint une intrigue »*, insiste de manière un peu forcée sur le contraste (celui-ci se retrouvera en fin d'histoire — drame/sous le soleil —). Ce procédé de discours, ici très bien tenu, ajouté à la sensibilité au sensoriel, nous alerte sans que nous puissions, dans ce contexte conflictualisé, y voir plus qu'une défense en B contre la pulsion (B2-6)[1]. L'histoire se poursuit en B (B2-10 ; B2-6) : *« elle admire ce fermier puissant, son esprit n'est pas encore tourné vers un amour avec cet homme »*, ce qui ne suffit pas au dégagement : Tristan plaque un *« c'est tout »* (Cp5) et a besoin d'un rire (D-1) pour terminer.

Ce recours aux procédés D en début et en fin d'histoire, l'ironie sous-jacente et cette curieuse utilisation du contraste indiquent l'insuffisance de la fantasmatisation et de son expression labile pour contenir l'impact pulsionnel.

Planche 3BM :

> *« ... C'est très triste... De toute apparence c'est un suicide, dit le commissaire, voyez l'arme et la position du corps, on ne peut s'y tromper. Cependant l'histoire n'est peut-être pas aussi simple, suicide c'est vite dit, et puis sous quelle contrainte aurait-il été commis. Pourtant ces belles pièces d'un puzzle policier ne rendront pas la vie à la pauvre victime. Aussi laisserons-nous les experts à leur débat et nous nous contenterons de prier pour elle. »*

1. L'interprétation en termes névrotiques (champs A et B, éventuellement C) doit, quand elle est possible, toujours être préférée. Nous pensons ici, comme V. Shentoub et R. Debray, que la fantasmatique sollicitée au T.A.T. s'organise (ou bute) sur la conflictualisation œdipienne.

Tristan, ici encore, utilise ses procédés habituels pour faire face à la nouvelle stimulation (Cp-7 ; $\overrightarrow{\text{B2-4}}$). Il propose ensuite une deuxième séquence, où prenant appui sur une introduction de personnage (B1-2), un *« commissaire »,* à fonction contraphobique, il organise l'histoire d'un suicide maquillant un crime (*« sous quelle contrainte aurait-il été commis »),* E-17 : télescopage entre deux idées qui marque le retour du refoulé agressif (on ne « commet » pas un suicide). La troisième séquence de l'histoire tente de répondre à cette agressivité qui déborde la mise en scène dans le registre névrotique : phrases en pirouette (Cm-3) avec une coloration d'idéalisation ironique *(« ces belles pièces d'un puzzle »).* La dernière phrase, plus lisible et plus ronde que la précédente, lui permet le dégagement.

Nous sommes sensible à l'investissement d'un appétit de savoir, de comprendre, de démonter *(« commissaire », « puzzle policier », « experts »),* déjà présent à la planche 1 ; investissement de la maîtrise par le penser, au moment où sont réveillés la menace de la violence agressive et les vécus dépressifs (cf. *« c'est un garçon prudent »* planche 1 et la thématique de l'histoire entière à cette planche 3). Mais les affects dépressifs sont situés dans l'externe d'un scénario mécanisé, surinvestissement de *l'apparence* qui permet d'éviter *l'intériorité* dépressive (cf. planche précédente, où le contraste portait aussi sur le dedans/dehors).

Planche 4 :

> *« ... Reste encore un peu... mais lui voulait absolument partir et retourner à son bateau. Il connaissait bien cette hôtesse mais c'était pas une raison pour tremper l'ancre trop longtemps. L'océan et la terre l'attendaient, il devait partir. »*

Le début en B2-3 (récit en dialogue), encadré de deux moments d'inhibition (Cp-1), permet à Tristan d'organiser une histoire labile (B1-1 ; $\overrightarrow{\text{B2-9}}$; histoire construite autour d'une fantaisie, tendance à l'érotisation de la relation), dont la totalité romanesque, un peu « à l'eau de rose », étonne après les histoires précédentes. Cette défense labile un peu caricaturée est efficace, peu de choses transparaissent derrière ce récit plaqué (Cp-5) et à tendance restrictive ($\overrightarrow{\text{Cp-2}}$).

Planche 8BM :

> *« ... + + Franck ne pouvait oublier l'histoire de la mort de son père, on lui avait décrit la scène et il pensait toujours que plus tard lui aussi, il essaierait de guérir. Le rêve était très précis mais il était*

> *bien décidé à en faire une réalité, peut-être que lui plus tard saurait guérir ce type de blessure. + + + C'est tout. »*

La tonalité générale est celle du remâchage, en A2-8, le temps de latence initiale de nouveau rallongée (Cp-1). Tristan fait ensuite appel à des mécanismes B : *« Franck »* (B1-1), contexte dramatisé (B2-13) quoique tenu à distance par une théâtralisation qui met en cause la lisibilité *(« l'histoire de la mort de son père »)* (B2-5). Une expression en formation réactionnelle *(« guérir »),* proche du thème banal, lui permet, avec le recours à la fiction *(« le rêve était très précis »)* (A2-12), de contenir l'agressivité. Celle-ci fait retour dans le *« mais »* qui suit (A2-7), aller et retour entre le désir et la défense, et le remâchage (A2-8). La précaution verbale (A2-3) marque un texte de lisibilité moyenne. La fin en plaquage (Cp-6), précédée d'un long moment d'inhibition, marque l'échec du dégagement.

Planche 6BM :

> *« La mère est inquiète... ce qui lui annonce son fils... elle sent que cela va bien déranger sa vie. Il veut s'engager, en prendre pour cinq ans car il en a assez du pays, sa décision est prise et elle sait qu'elle ne le fera pas revenir. Pourtant cinq ans c'est bien long, trouve-t-elle, et alors que vais-je devenir seule. Lui s'en inquiète, comprend mais va quand même de l'avant. Seul l'avenir pourra dire si il a eu tort ou raison. C'est fini ce chapitre. »*

Cette fois, Tristan est à l'aise : l'entrée immédiate dans la planche (B2-1) inaugure une histoire en B1 très lisible. Traiter la stimulation de la planche en insistant sur l'interdit du rapprochement œdipien donne issue à la culpabilité restée en suspens à la planche précedente[1]. Quelques silences intra-planches (Cp-1) lui permettent de nuancer l'affect (B1-4) *(« inquiète », « cela va bien déranger sa vie »).* L'histoire se poursuit en B2-7, aller-retour entre désirs contradictoires *(« Il veut s'engager, en prendre pour 5 ans »),* très bien tenus, seulement perceptibles dans l'utilisation de *« en prendre »* qui connote plutôt, dans le langage courant, une condamnation. Grâce à une précision chiffrée (A2-5) *« 5 ans »),* du récit en dialogue (B2-3) *(« Trouve-t-elle »),* et à une phrase qui exprime l'ambivalence intra-psychique (A2-17) le récit développe la fantasmatique conflictuelle. Mais Tristan ne peut donner une issue à son histoire, soit que l'investissement pulsionnel œdipien de l'image de la mère reste trop prégnant pour lui permettre une fin satisfaisant les exi-

---

1. Nous rappelons que les planches ont été proposées selon une succession inhabituelle et que la dynamique du protocole en est perturbée.

gences de sa culpabilité, soit que la perte de l'objet impliquée par cette solution lui soit intolérable. Aussi plaque-t-il une phrase de sens commun *(« Seul l'avenir pourra dire »)* (Al-3), sur un récit qui se termine presque dans une pirouette *(« c'est fini ce chapitre »)* (Cp-5, Cm-3).

Planche 11 :

> *« C'est une image pour bande dessinée fantastique... Sur la nouvelle planète, l'éléphant aux ailes de papillon utilise les ruines de quelque ancienne civilisation comme terrain de promenade. C'est un des rois de cette planète et il ne craint pratiquement aucun ennemi... il se nourrit de pierres... volcaniques... qui lui demandent de très longues digestions. Néanmoins, en cette belle journée, il ne redoute rien de particulier. Suite au prochain numéro. »*

Tristan est de nouveau en difficulté. Un temps de latence initial prolongé (Cp-1) lui permet d'abord un recours à une référence parfaitement pertinente (A1-2), *« la bande dessinée fantastique »*. La suite de l'histoire, interrompue par quelques C, aurait autrefois été interprétée en B, fantaisie personnelle.

De fait, avec cette réponse à la planche 11, Tristan inaugure une deuxième séquence du protocole : les procédés d'organisation de l'histoire qui nous avaient alertés en planches 2 et 3 (discrètement en planches 1 et 4), mais qui restaient intriqués et en partie repris par des modes d'élaboration du discours du champ névrotique, avaient disparus aux planches 8BM et 6BM. Ils redeviennent, à partir de cette planche 11, la seule force d'organisation du récit, qui ne triomphe que grâce à eux.

A *« la nouvelle planète »*, Tristan oppose immédiatement *« les ruines de quelque ancienne civilisation »*, à *« l'éléphant »* les *« ailes de papillon »*, insistant sur la mise en contraste. Il propose ensuite une image mégalomaniaque (Cm) : *« C'est un des rois de cette planète »*, à l'abri de la haine *(« il ne craint pratiquement aucun ennemi »)* (Cm-déni). L'expression est très discrètement retenue par une précaution verbale (A2-3). L'ironie l'aide à poursuivre, mais pour évoquer, quoique à distance et de manière très lisible, un monde à la fois désertique et dangereusement explosif *(« il se nourrit de pierres... volcaniques... qui lui demandent de très longues digestions »)*. Qu'il s'agisse d'un langage pulsionnel oral n'est pas pure coïncidence ; l'angoisse dépressive s'intensifie sans doute, le déni se crispe *(« Néanmoins, en cette belle journée, il ne redoute rien de particulier »)*, portant sur la menace (Cm) et Tristan doit terminer sur une pirouette (Cm-3) *(« Suite au prochain numéro »)*. Histoire très proche du contenu latent, fiction extrêmement lisible, dont le psychologue partage le plaisir, c'est une réponse originale à la stimulation régressive de la planche 11. La crispation de son épilogue nous laisse pourtant soucieuse : s'en tirer coûte cher à Tristan.

Planche 7BM :

> *« Pourquoi donne-t-il des sales gueules aux gens ? C'est pas gai, hein ! Vous devriez jouer éléphant rose dans la troisième, dit le turfiste au jeune. Celui-ci a l'air sceptique. Il eusse aimé une précision mais l'autre ne lâchait pas davantage d'informations... Enfin qui ne risque rien n'a rien et il alla tenter sa chance. »*

Le récit commence en (E-20) sur le repérage d'une intentionalité, défense paranoïaque particulièrement forte *(« Pourquoi donne-t-il de sales gueules aux gens ? »).* Bien sûr, la stimulation de la planche propose un rapproché homosexuel, qu'il traitera tout à l'heure avec « la bonne distance ». Aussi peut-on penser que ce court-circuit dans la relation de test (critique de l'intention du concepteur du test, demande à l'examinateur, D-3, D-2), portant sur l'expression d'un affect agressif ou dépressif, répond plutôt à la persévération de ce qu'il vient d'éprouver à la planche précédente et tente de liquider l'angoisse dépressive envahissante[1]. Le procédé est efficace : un récit en dialogue (B2-3), fidèle au contenu latent de la planche — proximité et réticence — s'organise dans le champ labile qui lui était habituel en première partie de test. Un terme venu de l'histoire précédente, *« éléphant rose »* (E-12), et un peu de dérision (Cm/D-4) lui permettent de tisser dans les deux registres — névrotique et dépressif — une histoire de nouveau très lisible, maîtrisée (cf. l'utilisation précise des temps verbaux) qui étonne le psychologue habitué au relatif laxisme du discours labile. Après un temps de silence (Cp-1), Tristan termine grâce à une fin de sens commun (A1-3).

Planche 13 :

> *« ... + + C'est le matin + + L'homme vient de découvrir... le cadavre de son amie... Il ne comprend pas... et semble très abattu. Il n'a qu'un seul mot, une seule phrase à la bouche : « pourquoi as-tu fait ça ? ». Mais elle ne pourra jamais lui expliquer. »*

Le récit est cette fois restrictif (Cp-2), coupé de nbombreux silences intra-planche (Cp-1) et difficilement mis en route (Cp-1). Sa proximité au contenu manifeste de la planche reste grande. Tristan apparaît vigi-

1. Cf. page 133.

lant, fonctionnant plutôt sur le mode « contrôle » (A) devant cette planche qui appelle un contenu sexuel et agressif de manière directe. Il propose cependant une histoire qui en tient compte *(« le cadavre de son amie »),* mais dont le caractère de fantaisie narcissique, aconflictuelle, apparaît très vite : (Cn-1) *« Il ne comprend pas... et semble très abattu. Il n'a qu'un seul mot, une seule phrase à la bouche. »* La représentation du suicide devient prégnante : *« pourquoi as-tu fait ça ? »* Les deux personnages apparaissent cette fois non plus comme sujet et objet, mais comme spéculaires (Cn-7). La fin insiste sur la maîtrise de la pensée *(« elle ne pourra jamais lui expliquer »),* maîtrise que beaucoup de nos sujets, nous l'avons vu, investissent et qui permet à Tristan de se dégager, là encore, avec l'appui d'une certaine ironie.

On pense, à propos de cette planche, à l'investissement de la curiosité (planche 1), au « commissaire », au « puzzle » et à « l'expert » de la planche 3, planches déjà marquées par la dépression. Mais la prise d'appui narcissique est ici plus nette, défense sans doute devant des représentations de perte et de haine plus anxiogènes parce que plus précises.

Planche 17 :

> *« ... L'acrobate s'entraîne, mais sur son parcours il n'oublie pas de regarder les demoiselles de la fanfare, car c'est un tombeur notre ami acrobate, tout en muscles et en souplesse et jamais en retard pour une petite aventure... Mais un jour, il se fera prendre au filet qui est bien aussi, n'est-ce pas, un accessoire de sa profession. Alors... là on sait qui le prendra. »*

La planche lui permet de se reprendre sur le mode maniaque. Inhabituellement donnée, on admet généralement que sa stimulation réveille une fantasmatisation exhibitionniste[1]. Tristan y trouve l'occasion de déployer l'appui narcissique qu'il s'est donné à la planche précédente, mais en constate aussi la fragilité... Il propose une histoire qui se révèle très vite en N : la thématique de séduction exhibitionniste est clairement exprimée et la recherche d'une assurance dans le regard de l'autre. Le corps est proposé au voir, l'accent mis sur ses contours, ses qualités sensorielles *(« tout en muscles et en souplesse »).* Mais la chute dépressive est toute proche, ce qui amène sans doute Tristan à ce beau jeu de mots : *« c'est un tombeur notre ami acrobate »* (et le filet sauveur risque fort de devenir toile d'araignée !). L'histoire est a-conflictuelle, les demoiselles

1. Sans qu'il y ait eu, cependant, suffisamment de travaux pour fonder une utilisation sûre du contenu latent.

de la fanfare et la petite aventure ne venant ici témoigner que des « capacités » de notre Don Juan de cirque (Cn/m). Soutien narcissique illusoire, souligne Tristan dans un humour triste : *« Mais un jour, il se fera prendre au filet. »* Le clin d'œil au psychologue, l'appel à la complicité de l'humour *(« qui est bien aussi, n'est-ce pas, un accessoire de sa profession »),* contourne l'envahissement de la scène psychique par le mauvais objet et l'impact dépressif de plus en plus fort.

Ni cette belle histoire, originale, organisée, très lisible, ni la séduction déployée à travers elle à l'égard du psychologue, ne peuvent éponger la charge pulsionnelle sous-jacente : le récit tourne court, abrupt, sur une phrase en association courte. Tout investissement objectal s'accompagne de l'angoisse d'une captation par l'autre, vécue dans un mouvement persécutif.

On pourrait, à propos de la cotation de cette planche, poser le difficile problème des proximités entre le récit en B, du côté du fonctionnement hystérique, et ce type d'histoire. La question se poserait alors de la forme de relation fantasmatique qui traverse l'histoire. S'agit-il d'une interrogation sur le désir de l'autre et d'une impossibilité à soutenir dans ce contexte une identification sexuée affermie, ou, comme ici, d'une relation perçue comme soutien (étayage), sauvegarde, et dont l'enveloppement se retourne contre le sujet ? Le détournement narcissique de l'investissement pseudo-objectal (cf. la centration sur le regard et la captation du regard de l'autre), et la violence de la lutte anti-dépressive viennent témoigner en faveur de cette argumentation.

Planche 19 :

> *« ... + Le château bien modeste... revêt dans cet éclairage d'hiver des formes étranges... L'on y vit puisque de la lumière apparaît à certaines croisées. Mais son aspect extérieur... malgré ses éclairages, repousse le passant... non vraiment cette nuit ne sera pas celle de l'accueil car trop de choses intriguent ou font peur dans cette demeure. »*

Doit-on de nouveau relever le contraste de la première phrase *(« Le château bien modeste »),* à allure de formation réactionnelle contre l'exhibitionnisme (A2-10) (nouvel exemple, dans ce protocole, de l'intrication entre des procédés de discours plus névrotiques et des fonctionnements de pensée spécifiques) ? La sensibilité à la clarté (Cn-5) *(« cet éclairage d'hiver »)* devient sensibilité aux contours (Cn-6) *(« des formes étranges »).* Tristan insiste ensuite sur la vie dans une formulation étonnante : *« L'on y vit »* (et non « ce château est habité »). Grâce à de nombreux temps de latence (Cp-1), il évoque de nouveau l'éclairage, l'aspect, dans un mouvement de remâchage (Cn-5/A2-8), et réussit enfin à dire l'affect négatif *(« repousse le passant »).* Le passage du « mauvais » de la réalité externe à la réalité interne y est très nettement marqué. Tristan termine son histoire en mise en contraste : *« cette nuit ne sera pas celle de l'accueil car trop de choses intriguent ou font peur dans cette demeure ».*

A noter de nouveau dans la thématique, l'insistance sur la curiosité *(« intriguent »)* quant à ce que contient de mauvais et de caché le monde interne *(« font peur »),* comme à la première planche. La construction de l'histoire est nettement plus besogneuse : alors que la planche propose des forces externes dangereuses pour un dedans plus vivant et plus chaud, Tristan est envahi par l'angoisse d'un monde interne vide de « bons objets ». Nous repérons ici ce passage facile du monde interne au monde externe dans une quasi-circulatité que nous avons relevée dans le chapitre 9 (*supra,* p. 146).

Planche 16 :

> *« Faut que je vous fasse un dessin ?... + + Sur un carton blanc il faudrait toujours pouvoir écrire ou dessiner. Car les mains aident la pensée à s'exprimer ou elles illustrent et complètent les paroles... Ce carton doit rester blanc car il doit être le support de sa propre histoire de carton blanc et dessiner un carton blanc sur un autre carton blanc, etc. »*

L'agressivité que ressent Tristan trouve issue dans la première phrase de manière parfaitement efficace, quoique au hasard d'un court-circuit dans la relation de test. Répondre à la stimulation de la planche blanche (mise à l'épreuve d'un fantasmer sans support dans la réalité) par *« Faut que je vous fasse un dessin ? »* témoigne de nouveau de la fluctuation identificatoire qui organisait la réponse à la planche 19 : c'est lui qui « ne comprend pas », et c'est au psychologue qu'il adresse cette remarque dont le sens populaire ironise à partir d'une incompréhension (!). Un long silence suit (Cp-1) et Tristan exprime en commentaire, sans aucun déplacement, ce besoin d'étayage de la pensée sur le mouvement, le geste, que nous avons retrouvé chez certains de nos sujets (*supra,* p. 145)... Nous pourrions y retrouver l'annulation (A2-9) du mouvement agressif qui a précédé, nouvel exemple de l'intrication des élaborations défensives (*supra,* p. 144). Un silence (Cp-1) et Tristan trouve pour donner parole à ce qu'il ressent cette curieuse expression circulaire, où tout semble tourner à vide, désespérément : *« Ce carton doit rester blanc car il doit être le support de sa propre histoire de carton blanc et dessiner un car-*

ton blanc sur un autre carton blanc », et qui nous évoque la compulsion de répétition et la pulsion de mort.

Le protocole de Tristan pourrait permettre, au long de sa première partie, une lecture dans le champ névrotique. La pulsion s'y exprime à travers une mise en scène conflictualisée, l'effort défensif reste en général efficace : le protocole témoigne de mécanismes labiles qui permettent l'expression de la fantasmatique. Il peut recourir, quand cela ne suffit pas, à des mécanismes d'inhibition et de contrôle qui temporisent ou retiennent l'expression et permettent la construction de récits lisibles.

Les scénarios œdipiens semblent lier l'expresssion pulsionnelle. Nous devons nous rappeler en effet qu'ils organisent la scène psychique et nous garder d'une dérive interprétative qui nous amènerait à négliger leur impact. Cette référence à l'Œdipe — que nous devons, rappelons-le, à l'apport de V. Shentoub et R. Debray — doit rester centrale dans le champ psychanalytique. C'est ici un garde-fou d'autant plus indispensable que les fonctionnements limites, narcissiques et dépressifs tendent à nous faire oublier la prégnance de la sexualité.

Mais un examen plus attentif de la problématique des récits met en évidence le contournement réitéré de l'angoisse de castration (planches 1, 2 et 3), ceci au moment même où des formulations préoccupantes trouent la continuité du récit et invalident l'hypothèse d'une lecture névrotique.

La seconde partie du protocole révèle la difficulté de Tristan : il ne peut faire face à la représentation envahissante d'un monde interne (le sien, celui de l'objet) menaçant et dangereux. Celle-ci taraude déjà l'investissement de la relation avec l'objet (planches 2, 4 et 6), proche de l'imago maternelle. Tristan s'épuise à se défendre de l'affect dépressif (planches 11, 13, 17, 19, 16), et déploie l'éventail des défenses anti-dépressives que nous décrit Mélanie Klein (*supra,* p. 131 sqq.).

Le recours à l'ironie, aux jeux d'esprits, parfois éblouissants, parfois dérisoires ou grinçants, prend le relai de cet investissement de la maîtrise par le penser, qui déjà se percevait sous la « curiosité » jouissive de la première partie du protocole. Il tente de profiter de cette acrobatie intellectuelle pour séduire le psychologue qu'il prend comme public, se cherchant dans son regard *(« il n'oublie pas de regarder les demoiselles de la fanfare »)* et semble-t-il y réussit, mais pour en rencontrer la menace captative *(« on sait qui le prendra »)* et perdre l'appui narcissique qu'il avait convoqué à son secours. La haine et sa projection, attestées par la circularité projective des deux dernières planches[1] vident la scène psychique pour laquelle ne reste plus que le décor... et sur un carton blanc, un autre carton blanc...

Tristan nous est connu par ses difficultés à vivre : il consulte en psychiatrie pour alcoolisme. Les cures de désintoxication entreprises n'ont jamais abouti.

Il dirigeait la production et la commercialisation d'un très grand vin familial, responsabilité dont il a été déchargé et il se retrouve sans travail.

Sa femme vient d'obtenir le divorce et il dit « avoir tout détruit, n'avoir plus confiance en lui, avoir une volonté effritée », les termes mêmes qu'emploie son entourage à son propos. La seule plainte qui lui soit personnelle — constatation soucieuse plutôt — concerne le lien qu'il garde avec sa femme et ses enfants : « il " adore sa femme ", dit-il, et s'étonne du fait que *" par périodes, même elle et ses enfants lui sont indifférents "*. »

La vie de Tristan témoigne du fonctionnement que met en évidence le T.A.T. ; quand il trouve un étayage (comme dans la psychothérapie qu'il avait entreprise et pendant laquelle il pouvait se passer de boire, ou lorsqu'il dispose de l'écoute du psychologue dans la situation projective), il peut offrir à l'autre le témoignage d'un penser qui jouerait de son fonctionnement dans l'acrobatie du mot d'esprit. Mais celui-ci ne tarde pas à révéler qu'il n'est qu'une forme vide, le décor d'une pièce qu'on ne pourra jamais jouer, dont on ne pourra jamais jouir, faute de pouvoir contenir le caractère explosif, cataclysmique du mouvement pulsionnel qui l'anime.

1. Les récits des planches 2 et 3 en portaient déjà très discrètement la marque (cf. pages 163 à 165).

Index des cas cités

Chapitre 7 : Traduction ou trahison : l'histoire « narcissique »

Nadette	26 ans
Nicole	27 ans
Noémie	38 ans
Norbert	32 ans
Noël	52 ans

Chapitre 8 : La clinique du vécu dépressif : un T.A.T.-exorcisme ?

Delphine	24 ans
Danièle	37 ans
Donatienne	38 ans
David	29 ans
Denis	30 ans

et pour comparaison, 2 T.A.T. recueillis à l'acmé de la crise dépressive :

Dominique ♀	25 ans
Dorothée	27 ans

Chapitre 9 : D'une autre pensée

Laurence	19 ans
Lise	19 ans
Léopoldine	18 ans
Laure	22 ans
Luce	26 ans
Lucie	38 ans
Lucienne	39 ans
Ludo	18 ans
Léonard	31 ans
Louis	50 ans

Références bibliographiques

ABRAHAM K.

1966, « Esquisse d'une histoire du développement de la libido basée sur la psychanalyse des troubles mentaux », *Œuvres complètes,* t. II, Paris, Payot, p. 255-298.

ANZIEU D.

1961, *Les méthodes projectives,* Paris, P.U.F.

1970, « Les identifications selon la psychanalyse », *Bulletin du Rorschach et des méthodes projectives, 25,* p. 5-13.

1974, « Le Moi-peau », *Nouvelle revue de psychanalyse, 9,* p. 193-209.

1981, « Quelques précurseurs du Moi-peau chez Freud », *Revue française de psychanalyse, 45,* (5), p. 1163-1185.

ANZIEU D., CHABERT C.

1983, *Les méthodes projectives,* Paris, P.U.F., 7e édition.

AULAGNIER P.

1975, *La violence de l'interprétation,* Paris, Coll. « Le Fil Rouge », P.U.F.

AUSTIN J. L.

1962, *Quand dire, c'est faire,* Paris, Le Seuil, 1970 (publication anglaise, 1962).

BELLAK L.

1951 « Projective Methods » in *Progress in Neurology and Psychiatry,* New York, Grune and Stratton.

BERGERET J.

1974, *La personnalité normale et pathologique,* Paris, Dunod.

1975, *La dépression et les états limites,* Paris, Payot.

BION W.
1979, *Aux sources de l'expérience,* Paris, P.U.F.
1980, *Entretiens psychanalytiques,* Paris, Gallimard.

BRELET F.
1981, « A propos du narcissisme dans le T.A.T. », *Psychologie française, 26* (1), 24-37.
1983, « T.A.T. et narcissisme, perspectives dynamiques et économiques », *Psychologie française, 28* (2), 119-123.

CHABERT C.
1983, *Le Rorschach en clinique adulte, interprétation psychanalytique,* Paris, Dunod.

DANA R. H.
1955, « Clinical diagnosis and objective T.A.T. », *Scoring J. Abnormal and Social Psychology, 50* (19-24).

DEBRAY R.
1978, « Le T.A.T. en clinique psychosomatique », *Bulletin de la Société française du Rorschach et des méthodes projectives, 31,* 83-92.
1983, *L'équilibre psychosomatique. Organisation mentale des diabétiques,* Paris, Dunod.

DURAND DE BOUSINGEN R., WERNERT M.
1963, « La dynamique des relations interpersonnelles au cours de la passation d'un test projectif », *Bulletin de psychologie, 17* (2), p. 84-90.

FAIN M.
1971, « Prélude à la vie fantasmatique », *Interprétation, 5* (2-3), p. 22-104.

FEDERN P.
1979, *La psychologie du Moi et les psychoses,* Paris, P.U.F.

FERENCZI S.
1909, « Transfert et introjection », *Psychanalyse I,* œuvres complètes, Paris, Payot, 1975, p. 93-125.
1912, « Le concept d'introjection », *Psychanalyse I,* œuvres complètes, Paris, Payot, 1975, p. 196-198.

FREUD A.
1949, *Le Moi et les mécanismes de défense,* Paris, P.U.F.

FREUD S.
1895, « Projet pour une psychologie scientifique », *La naissance de la psychanalyse,* Paris, P.U.F., 1956, p. 307-396.
1900, *L'interprétation des rêves,* Paris, P.U.F., 1967.
1905, *« Le mot d'esprit et ses rapports avec l'inconscient »,* Paris, Gallimard, 1930.
1908, « La création littéraire et le rêve éveillé », *Essais de psychanalyse appliquée,* Paris, Gallimard, 1933 (coll. Idées), p. 69-81.
1911, « Formulation sur les deux principes du cours des événements psychiques », in *Résultats, idées, problèmes I,* Paris, P.U.F., 1984, p. 135-144.
1912, *Totem et tabou,* Paris, Petite Bibliothèque Payot, 1965.
1914 *a,* « Pour introduire le narcissisme » *La vie sexuelle,* Paris, P.U.F., 1969, 81-105.
1914 *b,* « Remémoration, répétition, élaboration », *La technique psychanalytique,* Paris, P.U.F., 1967, 105-115.
1915 *a,* « Observations sur l'amour de transfert » *La technique psychanalytique,* Paris, P.U.F., 1967, 116-130.
1915 *b,* « Pulsions et destin des pulsions », *Métapsychologie,* Paris, Gallimard (coll. Idées), 1968, 11-44.
1915 *c,* « Deuil et mélancolie », *Métapsychologie,* 1968, Paris, Gallimard (coll. Idées), p. 147-174.
1916-1917, *Introduction à la psychanalyse,* Paris, Petite Bibliothèque Payot, 1965.
1917, « Complément métapsychologique à la théorie du rêve », *Métapsychologie,* Paris, Gallimard (coll. Idées), 1968, 125-146.
1920, « Au-delà du principe de plaisir », *Essais de psychanalyse,* Paris, Petite Bibliothèque Payot, 1981, 42-115.
1923, « Le Moi et le Ça », *Essais de psychanalyse,* Paris, Petite Bibliothèque Payot, 1981, 221-275.
1924, « Névrose et psychose », in *Névrose, psychose et perversion,* Paris, P.U.F., 1973.
1925 *a, La (dé)négation,* traduction J. Laplanche (à usage interne à l'université de Paris VII).
1925 *b,* « Le bloc-note magique », *Revue française de psychanalyse,* 1981, *5,* 1107-1110.
1938, *Abrégé de psychanalyse,* Paris, P.U.F., 1967.

GILL M.
1976, « Psychanalyse, versus métapsychologie », *Psychological Issues,* Monogr. 36, New York International University Press.
1983, « Analysis of Transference », vol. I, *Psychological Issues,* Monogr. 53 New York International University Press.

GILL M., HOFFMAN J. Z.
1983, « Analysis of Transference », vol. II, *Psychological Issues,* Monogr. 53, New York International University Press.

GORI R., POINSO Y.
1970-1971, « Approche psycholinguistique du T.A.T. », *Bulletin de psychologie, 24* (12-15), p. 713-717.

GREEN A.
1973, *« Le discours vivant »,* Paris (coll. « Le Fil Rouge »), P.U.F.

GUENOT J.
Le goûteur d'encres, Éd. J. Guenot, Paris, sd.

GUILLAUMIN J.
1965, *La dynamique de l'examen psychologique,* Paris, P.U.F.

HOLT R. R.
1958, « Formal Aspect of the T.A.T., a neglected resource », *Journal of Projective Techniques, 22* (2), 163-172.
1960, « Recent developments in psychoanalytic Ego psychology and their implications for diagnostic testing », *Journal of Projective Techniques, 24,* 254-266.
1961, « The nature of T.A.T. stories as a cognitive product », in KAGAN and LESSER, *Contemporaries issues in apperceptive methods,* Ch. Thomas Publ. edit. New York.
1978, *Methods in clinical Psychology,* vol. I, *Projective Assessment,* Plenum Press, New York.

JEAMMET N.
1983, « " Un parti pris diagnostique " face à un Rorschach et un T.A.T. apparemment non congruents », *Psychologie française, 28* (2), 129-140.

KERNBERG O.
1975 *a, Les troubles limites de la personnalité,* Toulouse, Privat, 1979.
1975 *b, La personnalité narcissique,* Toulouse, Privat, 1980.

KLEIN M.
1934, « Contribution à l'étude de la psycho-genèse des états maniaco-dépressifs », in *Essais de psychanalyse,* 1972, Paris, Payot, p. 311-340.
1940, « Le deuil et ses rapports avec les états maniaco-dépressifs », in *Essais de psychanalyse,* 1972, Paris, Payot, p. 340-369.

KOHUT H.
1971, *Le Soi,* Paris, coll. « Le Fil Rouge », P.U.F., 1974.

LACAN J.
1938, « La famille », in *La vie mentale, Encyclopédie française,* t. VIII, 8'40, p. 3-16.
1946, « Propos sur la causalité psychique », *Écrits,* 1966, Paris, Le Seuil, 151-193.
1948, « L'agressivité en psychanalyse », *Écrits,* 1966, Paris, Le Seuil, 101-124.
1949, « Le stade du miroir », *Écrits,* 1966, Paris, Le Seuil, p. 93-100.
1955, « La chose freudienne », *Écrits,* 1966, Paris, Le Seuil, p. 401-436.

LAGACHE D.
1961, « Psychanalyse et structure de la personnalité », *La psychanalyse, 6.*
1964, « Fantaisie, réalité, vérité », *Revue française de psychanalyse, 28* (4).
1969, *L'unité de la psychologie,* Paris, P.U.F. (2e édition).

LAPLANCHE J., PONTALIS J. B.
1963, « Délimitation du concept freudien de projection », *Bulletin de psychologie,* XVII, 62-66.
1967, *Vocabulaire de psychanalyse,* Paris, P.U.F.

MARTY P.
1976, *Les mouvements individuels de vie et de mort. Essai d'économie psychosomatique,* Paris, Payot.
1980, *L'ordre psychosomatique.* Désorganisation et régressions. Les mouvements individuels de vie et de mort, t. II, Paris, Payot.

MURRAY H. A.
1938, *Explorations in personality,* Oxford University Press Ed. N. Y. Trad. fr. : *« Exploration de la personnalité »,* Paris, P.U.F., 1953.
1943, *Manuel du Thematic Apperception Test.* Trad. fr. C.P.A. 1950.

ORTIGUES E., M. C.
1968, « Psychologie clinique et ethnologie », *Bulletin de psychologie, 21,* 270 (15-19), p. 950-958. Numéro spécial « Psychologie clinique ».

PINE F.
1962, « Creativity and primary process : sample variations », *Journal of Nervous and Mental Disease* (134), p. 506-511.

PINE F., HOLT R. R.
1960, « Creativity and primary process. A study of adaptative regression », *Journal of Abnormal and Social Psychology (61)*, p. 370-379.

PIOTROWSKI Z. A.
1950, « A new evaluation of the T.A.T. », *Psychoanalytical reiew*, XXXVII (2), 101-127.

RAPAPORT D.
1951, *Organization and pathology of thought*, New York. Columbia University Press.
1952, « Projectives techniques and the theory of thinking », *Journal of Projective Technique, 16* (3), p. 269-275.

RAPAPORT D., GILL M., SCHAFER R.
1968, *Diagnostic Psychological Testing*, New York. International University Press.

RAUSCH DE TRAUBENBERG N.
1981, *Activité perceptive et activité fantasmatique dans les Rorschach d'enfants et d'adolescents*. Thèse de doctorat d'État ès-Lettres et Sciences humaines, 1981.
1983, « Avant-propos », *Psychologie française*, « Techniques projectives II », *28* (2), p. 98-99.

RAUSCH DE TRAUBENBERG N., BOIZOU M. F.
1978, « Interférences entre activité perceptive et activité fantasmatique dans le Rorschach d'enfants », *Psychologie française, 23* (2), 127-140.

ROSOLATO G.
1976, « Le narcissisme », in *Nouvelle revue de psychanalyse, 13* (19), p. 7-36.

SAMI ALI
1974, *L'espace imaginaire*, Paris, Gallimard.

SCHAFER R.
1954, *Psychoanalytic Interpretation in Rorschach Testing*, Grune and Stratton, New York.
1958, « How was this story told ? » *Journal of Projective Techniques, 22* (2), 181-210.
1967, *Projective Testing and Psychoanalysis*, International University Press.
1968, Voir RAPAPORT, GILL, SCHAFER, 1968.
1976, *A new language for Psychoanalysis*, New Haven Yale University Press.

SHAPIRO D.
1965, *Neurotic Styles,* New York Basic Books.

TURQUET P. M.
1974, « Menaces à l'identité personnelle dans le groupe large », *Bulletin de psychologie,* numéro spécial « Psychologie sociale, clinique et psychanalyse », p. 133-158.

WERNERT M., DURAND DE BOUSINGEN R.
1963, « La dynamique des relations interpersonnelles au cours de la passation d'un test projectif », *Bulletin de psychologie, 17* (2), p. 84-90.

WIDLÖCHER D.
1979, « Les états limites : discussion nosologique ou réflexion psychopathologique », *Perspectives psychiatriques, 1* (70), p. 7-12.

WINNICOTT D. W.
1958, « The capacity to be alone », in *The maturational processes and the facilitating environment,* Londres, Hogarth Press and the Institute of psycho-analysis, 1965.
1959, « Nosographie : y a-t-il une contribution de la psychanalyse à la classification psychiatrique ? », in *Processus de maturation chez l'enfant,* 1970, Paris, Payot, p. 93-113.
1960, « Distorsion du Moi en fonction du vrai et du faux " self " », in *Processus de maturation chez l'enfant,* 1970, Paris, Payot, p. 115-138.
1971, « Objets transitionnels et phénomènes transitionnels », in *Jeu et réalité,* Paris, Gallimard, 1975, p. 7-39.

WITTGENSTEIN
1961, *Tractatus logicus philosophicus,* Paris, Gallimard.

Articles et ouvrages de Vica Shentoub
(par ordre chronologique)

SHENTOUB V.
1955, « Le " Thematic Apperception Test " en neuro-psychiatrie infantile », *Revue de neuropsychiatrie infantile et d'hygiène mentale de l'enfance, 3* (11-12), p. 588-593.
1957, « Le T.A.T. et la schizophrénie juvénile ; considérations méthodologiques », *Psychologie française, 2* (3), p. 185-189.

SHENTOUB V., RAUSCH DE TRAUBENBERG N.
1958, « Les techniques projectives ; problèmes théoriques de la validation », *Psychiatrie de l'enfant, 1* (1), p. 238-246.

SHENTOUB V., SHENTOUB S. A.
1958, « Contribution à la recherche de la validation du T.A.T. : feuille de dépouillement », *Revue de psychologie appliquée, 8* (4), p. 275-341.
1959, « Interprétation de réponses psychotiques tirées de deux protocoles de T.A.T. ; intérêt de la structuration dynamique des affects », *Psychologie française, 4* (2), p. 148-152.

SHENTOUB V., DUCHE J., ENGELS C.
1959, « Incidence de la cure de Sakel sur les tests psychologiques des adolescents schizophrènes », *Revue de neuropsychiatrie infantile et d'hygiène mentale de l'enfance* (9-10), p. 3-11.

SHENTOUB V., SHENTOUB S. A.
1960, « Recherche expérimentale et clinique du thème " banal " dans le T.A.T. », *Psychiatrie de l'enfant, 3* (2), p. 405-524.

SHENTOUB V.
1961, « Fonction du test projectif dans un travail d'équipe », *Psychologie française, 7* (2), p. 126-133.
1963, « Conflits et structure dans le T.A.T. chez l'enfant », *Revue de neuropsychiatrie infantile, 11* (5-6), p. 305-309.

SHENTOUB V., BASSELIER M. J.
1963, « Problèmes du diagnostic structural dans les états phobo-obsessionnels de l'enfant », *Revue de neuropsychiatrie infantile, 11* (5-6), p. 311-320.

SHENTOUB V.
1967, *Le devenir des manifestations phobo-obsessionnelles de la pré-puberté à l'adolescence.* Thèse de doctorat de 3e cycle, Paris, 183 p.

1968-1969, *Le Thematic Apperception Test de Henry A. Murray*. Cours polycopié, Institut de Psychologie, 55 p.

SHENTOUB V., DEBRAY R.
1969, « Contribution du T.A.T. au diagnostic différentiel entre le normal et le pathologique chez l'enfant », *Psychiatrie de l'enfant, 12* (1), p. 241-266.
1970-1971, « Fondements théoriques du processus-T.A.T. », *Bulletin de psychologie, 24,* 292 (12-15), p. 897-903.
1970-1971, « Organisation de la personnalité de l'enfant qui présente des difficultés d'expression verbale ; contribution du T.A.T. », *Bulletin de psychologie, 24,* 292 (12-15), p. 903-908.
1971, « Diagnostic différentiel entre des états pathologiques chez le jeune adulte. Étude de quatre cas ; contribution du T.A.T. et des épreuves d'efficience intellectuelle », *Psychiatrie de l'enfant, 14* (1), p. 233-272.

SHENTOUB V.
1972-1973, « Introduction théorique à la méthode du T.A.T. ». Cours de 1971-1972, enseigné à l'Institut de Psychologie et publié dans le *Bulletin de psychologie, 26,* 305 (10-11), p. 582-602.
1973, « A propos du normal et du pathologique dans le T.A.T. », *Psychologie française, 18* (4), p. 251-259.
1976, « Approches projectives en France. Réalisations et tendances », *Revue de psychologie appliquée, 26,* numéro spécial, p. 359-400 (en collaboration avec N. Rausch de Traubenberg, M. Backes-Tholas, M. Monod, R. Perron).

SHENTOUB V., DEBRAY R.
1978-1979, « Que faire d'une excessive richesse fantasmatique ? Interprétation d'un protocole inhabituel de T.A.T. », *Bulletin de psychologie, 32,* 339 (3-7), p. 309-322.
1981, « T.A.T., test de créativité », *Psychologie française, 26* (1), p. 66-70.

SHENTOUB V., RAUSCH DE TRAUBENBERG N.
1982, « Tests de projection de la personnalité », *Encyclopédie médico-chirurgicale, 9,* 1982, 37190 A 10, p. 1-14.

Index

Dépôt légal 1re édition : 1er trimestre 1986
Imprimerie Gauthier-Villars, 75018 Paris
N° d'imprimeur : 2968
Dépôt légal : juillet 1986